所得税税制变革、税盾价值与上市公司融资决策研究

A Study on the Reform of Income Tax System, Tax Shield Values and Financing Decisions of Listed Companies

彭培鑫　著

 西南财经大学出版社

图书在版编目(CIP)数据

所得税税制变革、税盾价值与上市公司融资决策研究/彭培鑫著.—成都:西南财经大学出版社,2015.8
ISBN 978 - 7 - 5504 - 2129 - 5

Ⅰ.①所… Ⅱ.①彭… Ⅲ.①所得税—影响—上市公司—企业融资—研究—中国 Ⅳ.①F812.424②F279.246

中国版本图书馆 CIP 数据核字(2015)第 193436 号

所得税税制变革、税盾价值与上市公司融资决策研究
SUODESHUI SHUIZHI BIANGE、SHUIDUN JIAZHI YU SHANGSHI GONGSI RONGZI JUECE YANJIU

彭培鑫　著

责任编辑:刘佳庆
助理编辑:孙志鹏
封面设计:杨红鹰　张姗姗
责任印制:封俊川

出版发行	西南财经大学出版社(四川省成都市光华村街55号)
网　　址	http://www.bookcj.com
电子邮件	bookcj@foxmail.com
邮政编码	610074
电　　话	028 - 87353785　87352368
照　　排	四川胜翔数码印务设计有限公司
印　　刷	郫县犀浦印刷厂
成品尺寸	170mm×240mm
印　　张	11
字　　数	200 千字
版　　次	2015 年 8 月第 1 版
印　　次	2015 年 8 月第 1 次印刷
书　　号	ISBN 978 - 7 - 5504 - 2129 - 5
定　　价	60.00 元

摘　要

　　所得税法由国家以法律形式颁布，它会在很长一段时间里保持稳定不变，这使得关于税率变化对公司资本结构影响的研究很难搜集到相关数据。2007年十届人大通过的新企业所得税法规定，自2008年起将法定执行税率由之前的33%下调为25%，这给研究上市公司税负变化及其对融资结构的影响提供了一个难得的窗口。时至今日，有关所得税对企业融资决策影响的理论研究仍没有一个明确的结论。而有关这方面的实证研究尽管也取得了较为丰富的成果，但结论却存在很大的分歧，有的甚至截然相反。同时，以往的研究在税收负担的衡量指标选择上也存在很多分歧。另外，国内学者对债务税盾价值计量方面的研究基本上处于空白。而这些问题都是非常值得研究的。本书以此为基础，以两税合并前后的企业所得税税制变革为主线，研究了企业所得税税负变化及其对公司负债融资决策和公司价值的影响。

　　本书以我国所得税税制变革为背景，首先从公司所得税税负计量方法、税盾效应的实证分析以及税收与资本结构关系的研究三个方面，对国内外的相关文献进行了归纳和梳理。然后对所得税与公司融资决策相关的理论、上市公司的所得税税负计量、税盾价值的验证和计量、所得税对上市公司负债融资决策的影响等进行了研究与分析。本书的主要工作及成果可概括为如下五个方面：

　　（1）本书对税负公平理论的内涵和分类进行了归纳和梳理，运用税收收入的弹性理论对本次所得税税制改革如何实现税负公平进行了理论分析；分别从资本成本视角和现金流视角将所得税对公司融资决策的影响进行了理论分析，同时考虑其他因素对融资决策的影响，得出了所得税及其他因素影响公司融资决策的运行过程：所得税变革带来税收负担的变化→所得税改变利益相关者的既得利益→改变其利益诉求→影响公司价值→改变公司融资结构→新的公司治理结构产生→公司融资结构决策调整。

　　（2）运用实际税率对我国上市公司在税改前后的所得税负担进行了计量，

结果发现：新税法的实施使我国上市公司的所得税负担总体上下降了10.24个百分点（从22.02%下降到11.78%），其中法定执行税率下降和不变的上市公司的实际税负分别下降了13.983个百分点（从29.81%下降到15.82%）和5.34个百分点（从15.98%下降到10.64%），而法定执行税率提高的上市公司，其实际税负上升了4.69个百分点（从11.59%提高到16.28%）；税改后不同地区、不同行业之间的所得税负担差异减小，体现了公平税负的原则，达到了本次税制改革的目的。

（3）运用随机游走模型测算了我国上市公司2005—2009年的边际税率，并比较了不同企业性质、不同规模、不同行业的边际税率，结果发现：连续5年国有企业的边际税率均高于非国有企业；公司规模对边际税率的影响并不显著；除信息技术业和房地产业的边际税率呈整体上升趋势外，其他各个行业均整体上呈下降趋势。

（4）以公式 $V_L = V_U + \gamma D$ 和 $V_U = E(FOI)/\rho$ 为出发点，通过逻辑推理，提出了基于税盾效用的"总价值分析方法"和"现金流分析方法"，建立了测算债务税盾价值的回归模型；通过税盾收益实证检验，发现两税合并后，债务税盾和非债务税盾对公司价值的影响下降。

（5）运用分位数回归检验了公司实际税率、债务税盾、非债务税盾及其他控制变量与债务融资之间的关系，得出了如下主要结论：实际税率与公司资本结构在不同分位水平下影响程度是不同的，当负债规模较小时，实际税率对资本结构的影响是正向相关的，且随着分位数水平的提高，显著性不断下降；债务税盾、成长性与公司资本结构显著正相关，非债务税盾、企业性质与公司资本结构显著负相关；盈利能力与公司资本结构在0.3、0.5、0.7的分位水平上显著负相关；公司规模与企业资本结构在0.1的水平上显著正相关，并且这种正向的影响力随企业资本结构水平的提高而递增。这些结论为经典资本结构理论在中国的适用性提供了经验证据。

关键词：所得税税制变革　实际税率　边际税率　税盾价值　融资决策

Abstract

The Income Tax Law, promulgated by the nation in a legal form, will remain stable for a very long time. It contributes the difficulty in searching relative data, which is used in the research of the influence of tax rate variation on a company capital structure. The Law of Enterprise Income Tax, adopted by the 10th NPC, sets that the official executed tax rate will fall from 33% to 25% since 2008. This is a rare chance to study the public companies' tax bearing variation and its influence on financing structure. Up to this day, an explicit summing–up is still not concluded, which is concerned with the theoretical research of the impact of income tax on corporate finance decision. Though the empirical research has gained abundant results, there are widely divergent views about the conclusions, which are even poled apart. Meanwhile, much difference also lies in the former research associated with the measurement chosen for tax burden. In addition, the domestic study on the calculation of the value of debt tax shield is basically still in the blank state. All these topics are worth studying in fact. Base on the above research and the tax system reformation before and after the unification of the two taxes, the paper aims to study the influence of tax bearing variation of Corporate Income Tax on its finance decision and company values.

Based on the Income tax system revolution in China, the research is conducted from three aspects: the measurement of corporate income tax bearing, the empirical analysis on tax shield effect as well as the relationship between revenue and capital structure. Literature review is firstly displayed, including domestic study and study abroad. Then, the analysis will be put on the relative theories on income tax, corporate finance decision, measurement of tax bearing, etc. Major tasks and findings of the research are concluded in the following five aspects.

Firstly, the paper defines the connotation of tax bearing equity and clarifies that such equity not only contains the fairness in the usage of the revenue and tax payment, but also includes the economic equity, social equity as well as the lengthways and horizontal equities. Relative theories that support tax bearing equity include: benefit taxes theory, capacity levy duty theory, the equity of talent and ability theory, minimum sacrifice or maximum effect theory. Then, applying elastic theory of tax revenue, the writer analyzes the performance of income tax revolution in achieving the equity of tax bearing. This research academically analyzes the influence of income tax on financing decisions, respectively from the perspectives of capital cost and cash flow. Considering other influence factors on financing decisions, the conducting process is summarized: the change of revenue bearing resulted from income tax revolution → the change of vested interest of stakeholders → the change of interest appeal → the influence of company values → financing structure of a company → the introduction of new corporate governance structure → the adjustment of financing structure decision.

Secondly, considering the difference between accounting profit and taxable income in our country, the research adopts the formula of Effective Tax Rate (ETR) which contains the deferred income tax payment. The measurement is conducted in income tax burden of public companies in China, before and after the tax revolution. It is found that influenced by the latest Law of Income Tax the burden is generally decreased by 10.24% (from 22.02% to 11.78%). Both of the official executed tax rate and the ETR decline, respectively from 29.81% to 15.82% and 15.98% to 10.64%, with the balance of 13.983% and 5.34%. The ETR rises by 4.69% in public companies whose official executed tax rate rises, from 11.59% to 16.28%. It indicates that the change direction of ETR and official executed tax rate are the same. Since the tax revolution in 2008, the ETR in eastern and middle areas who originally enjoy small tax preference experiences a marked decrease. The divergence of income tax burden among different regions becomes smaller. After the tax revolution, low ETR lies in industries which are particularly supported by the nation, such as agriculture, forestry, animal husbandry and new and high-tech industries. However, industries suppressed by the nation, such as real estate, have a rise tendency in ETR. It reflects that the change of pattern in the nation's preferential policy, which originally major in regional profit turns to industry profit first. The consideration is also give to social equity.

Thirdly, Marginal Tax Rate (MTR) of Chinese public companies (from 2005 to 2009) is calculated by using the random wandering model conducted in EViews5.0.

Through the comparative analysis among different enterprises in qualities, scales and industries, the writer find that the MTR of state-owned companies is higher than that of non-state-owned ones during five consecutive years. Companies' scale has little impact on MTR. Apart from the industries of IT and real estate whose MTR are seeing an upward trend, all the others' MTR decline as a tendency. The linear regression inspects the relationship between MTR and debt finance of Chinese public companies. As a result, there is little impact of MTR on debt finance decision, because of the flat rate adopted by corporate income tax in China.

Fourthly, according to the MM theorem and the formula of $V_L = V_U + \gamma D$ and $V_U = E(FOI)/\rho$, two approaches based on tax shield effect are promoted through logical reasoning. They are "total value analysis" and "cash flow analysis". The regression model, which is used to calculate debt tax shield value, is established. The empirical inspection of tax shield profits is carried out to investigate the decrease of influence on company values after the combination of the two taxes.

Finally, the relationship between ETR, debt tax shield, non-debt tax shield as well as other control variable and debt finance is verified by EViews5.0 and quantile regression. The main results are as follows: on different quantile levels, the degree of influence of ETR and capital structures is different. When the debt scale is small, there is a positive correlation between ETR and its influence on capital structure. With the increase of quantile level, the significance decrease; there is a positive correlation between debt tax shield, growth and company capital structure. A remarkable negative correlation lies in the non-debt tax shield, quality of the enterprise and capital structure. On the quantile level of 0.3, 0.5 and 0.7, earning power and capital structure show negative correlations; there is also a marked positive correlation between the scale and capital structure of a company on the level of 0.1. Besides, such positive influence is increase with the rise of capital structure level. The same model is applied to check the relationship between MTR and company debt finance decision and it is found that the relationship is not remarkable. All of these conclusions provide experience and evidence for the applicability of classic capital structure theory in China.

Key Word: Reform of income tax system; Effective Tax Rate (ETR); Marginal Tax Rate (MTR); Tax Shield Value; finance decision

目　录

1　绪论

1.1　研究背景

2007 年 3 月 16 日，第十届全国人民代表大会第五次会议审议通过了《中华人民共和国企业所得税法》，规定自 2008 年 1 月 1 日起，内、外资企业将统一适用新企业所得税法，新税率为 25%（优惠税率除外）。2008 年之前外资企业在企业所得税上都享受"超国民待遇"的优惠政策，其适用税率基本上是 15% 和 24%；而内资企业适用的税率为 33%。税改之后，对大部分企业来讲，其法定执行税率将由原来的 33% 下调为 25%，但也有部分企业法定执行税率没有变化，甚至还有一些企业法定执行税率上升了，这给我们研究上市公司税负变化提供了一个难得的窗口。

从公司财务理论发展的时序看，基于税收的理论模型提出的时间最早，而在关于财务领域的税收研究中，研究成果最多的就是负债融资决策问题。1958 年，Modigliani 和 Miller 在一系列严格假设的条件下提出了 MM 理论，即在无公司税的情况下，资本结构不影响公司价值和资本成本，即公司的资本结构与公司价值无关[①]。1963 年，Modigliani 和 Miller 又提出了修正的 MM 理论，他们认为在存在公司所得税的情况下，由于负债的抵税作用，公司的最优资本结构应该是 100% 的负债[②]。然而，Miller 在 1976 年提出了综合个人所得税和公司所得税的资本结构均衡模型，他认为个人所得税的存在会抵减负债的节税利

---

① Modigliani, Miller. The Cost of Capital, Corporation Finance and the Theory of Investment. American Economic Review, 1958 (48)：261-297.

② Modigliani, F. and M. H. Miller. Corporate Income Taxes and the Cost of Capital：A Correction. American Economic Review, June 1963：433-443.

益，但是，在正常税率的情况下，负债的节税利益并不会完全消失，这就是人们所说的米勒模型[1]。具体来说，企业所得税影响企业的资本结构决策，主要表现在负债利息可以在税前抵扣，降低了企业的加权平均资本成本，从而刺激了企业进行债务融资的动机；与此同时，政府又对资金的供给者——股东和债权人征收个人所得税，为了维持既定的投资收益率，股东和债权人会要求更高的税前期望报酬率，从而提高了企业的资本成本。该模型的精髓在于税收影响资本结构的传导机制主要表现为企业所得税和个人所得税对企业资本成本的影响，从而影响企业的资本结构。随后 Kraus 和 Litzenberger（1973）和 Kim（1978）都对无公司所得税模型进行了修正，引入了公司所得税和负债导致的破产成本对公司资本结构的影响，其观点认为公司所得税率越高，越倾向于债务融资，所得税率变化会引起公司资本结构的变化。此后，Jensen 和 Meckling（1976）、Altman（1984）以及 Myers（1984）等人创立了权衡理论，他们认为，负债的节税利益要与预期的财务困境成本现值和代理成本的现值相权衡。

但时至今日，有关所得税对企业融资决策影响的理论研究仍没有一个明确的结论。而有关这方面的实证研究尽管也取得了较为丰富的成果，但结论却存在很大的分歧，有的甚至截然相反。正如 Graham（2000）说的那样："通过债务融资所带来的税收利益是否会影响到公司的融资决策？税收利益到底增加了多少公司的价值?[2] 自从 Modigliani 和 Miller（1958，1963）开始研究税收与资本结构的关系以来，这些问题一直困扰着该领域的研究者"。总之，由于税收的存在及税制结构的变更，企业所得税如何影响企业融资，并进一步反映在企业价值的变动上，至今仍是一个谜。

近年来，我国一些学者以我国税收制度为背景，通过借鉴西方国家一些学者的研究方法和思路，建立了与我国税收制度相适应的一些理论模型，如王志强（2003）建立了一个研究公司财务政策选择的税收效应理论模型，该模型既可以用来研究税收对股利政策选择的影响，也同时可以用来研究税收对资本结构政策选择的影响。他认为债务融资是否能带来税收利益将最终取决于资本

① M. H. Miller. Debt and Taxes. Journal of Finance, May 1977: 337-347.

② Graham, J. R.. How big are the tax benefits of debt. Journal of Finance October 2000, 55
(5): 1901-1941.

利得税率、股利所得税率与利息所得税率的比较①。敬志勇、欧阳令南（2003）在不确定条件下，假设息税前收益均匀分布，基于静态权衡理论建立了破产成本期望值模型和负债抵税价值期望值模型，在统一的负债区间内对负债的利息抵税净收益进行了分析，并确定了当存在利息抵税净收益最高时，公司应有的最优负债数额和最优资本结构②。更多的学者则对税收与资本结构的关系进行了实证研究，但研究结论却不一致，同时，以往的研究在税收负担衡量指标的选择上也存在很多分歧，有人使用实际税率，有人采用法定税率，有人使用边际税率，究竟哪一个更为合理？另外，国内学者对债务税盾价值计量方面的研究也非常少。而这些问题都是非常值得研究的。加之2008年内外资企业所得税这一两税合并事件导致企业所得税税率发生变化，是一个难得的以研究公司税率发生外生性变化对公司资本结构影响的事件。因此，本书以我国上市公司为研究对象，以2008年我国企业所得税税改为契机，力图寻求在我国现有的经济背景下，企业所得税税负变化以及对公司融资决策的影响。

1.2　研究意义

1.2.1　理论意义

（1）验证新税法变更后的资本结构理论

经典资本结构理论表明，公司税率影响资本结构，其原因在于负债的利息具有抵税作用（Modigliani and Miller，1963）③。公司税率越高，更倾向于债务融资；反之，则倾向于权益融资。因此，公司税率调整将引起资本结构相应的变化。2008年我国实行新的企业所得税法，税率和优惠政策都发生了变化，这些变化是否会引起企业在进行融资决策时做出相应的调整？本书运用我国上市公司的相关数据来验证经典资本结构理论在我国的适用性，试图对资本结构

①　王志强. 税收非中性与公司财务政策选择 [J]. 商业时代：理论版，2003，23（11）：24-26.

②　敬志勇，欧阳令南. 不确定条件下公司负债的利息抵税效应分析 [J]. 中国管理科学，2003，11（5）：8-11.

③　Modigliani，F. and M. H. Miller. Corporate Income Taxes and the Cost of Capital：A Correction. American Economic Review，June 1963：433-443.

理论做一些有益的补充。

（2）建立税盾价值模型

自从 Modigliani 和 Miller 提出资本结构无关论以来，很多学者在此基础上通过放宽假设条件研究了负债融资对公司资本结构和公司价值的影响。然而以往的研究只是探讨了债务税盾和非债务税盾与公司资本结构的关系，并未指出税盾的真实价值。本书希望以 MM 理论为出发点，建立税盾价值模型，同时以中国上市公司的财务数据验证税盾价值的存在并对其进行计量，从而得出一些在我国具有可检验性的结论，力求对我国企业制定融资决策以及政府制定税收政策具有现实指导意义。

1.2.2 现实意义

（1）合理计量税改前后公司所得税税负

国内已有研究多将实际税率作为所得税税负的替代变量。由于学者们无法取得样本公司实际的纳税申报表数据，因此在研究公司的所得税税负状况时，多数学者采用实际税率作为所得税税负的替代变量，还有一些学者采用边际税率或法定税率来衡量公司的所得税税负。另外，在计算公司实际税率或边际税率时也存在多种计量方法。那么，对我国公司来说，究竟应该以哪种税率作为替代变量来衡量公司的所得税税负才具有有效性？目前还没有国内学者对这个问题进行研究。本书使用不同的税率对我国所得税税负状况进行了估计，并评价了不同税率作为替代变量在我国的有效性，相信这一部分的研究结论能够为将来的理论研究和政策研究提供重要的参考依据。

（2）检验新税法的实施效果

通过法定执行税率、实际税率、边际税率的比较分析，验证新税制变革带来上市公司整体税负的变化，以及新税法对上市公司间的税负公平和税收政策产业导向的作用。其中实际税率采用递延所得税费用调整后的模型进行计量，边际税率通过运用随机游走模型进行测算。通过分别计算样本公司在税改前后的实际税率和边际税率，掌握我国上市公司所得税负担的总体情况以及不同行业、不同地区间所得税负担的变化趋势，以检验本次企业所得税改革是否达到了预期的效果，同时也为国家的企业所得税税制设计和公司的债务融资决策提供了更加科学合理的视角和操作思路。

1.3 研究目标

如何衡量我国上市公司所承担的所得税税负？当我国上市公司进行融资决策时，所得税是否是管理者考虑的因素之一？由于税法允许债务利息在税前抵扣应税利润，那么企业因借入债务而获得的税盾价值是多少？中国的上市公司普遍实行怎样的债务政策，他们是否对负债所带来的税盾利益进行了充分利用？如果没有，原因是什么？

基于以上疑问，本书研究目标就是以两税合并前后的企业所得税税制变革为主线，研究企业所得税税负变化及对公司负债融资决策和公司价值的影响。具体地说，就是根据我国的税收制度背景，分别从资本成本和现金流的角度将所得税对公司融资决策的影响进行了理论分析，并利用 2008 年企业所得税"两税合一"的窗口，通过法定执行税率、实际税率、边际税率等多种计量模式尽量精确地反映上市公司税收负担的变化，以 2008 年新所得税制变革为背景，研究在所得税法定税率降低、优惠政策改变之后，上市公司所得税税负的总体变化情况，在此基础上，对产业、区域、所有制间的税收负担做了进一步的比较和分析，以尽量精确地反映上市公司税收负担的变化情况。通过比较法定执行税率、实际税率、边际税率，以便选择基于节税动机的税负水平的最佳代理变量。其次，通过逻辑推理，建立了基于税盾效用的总价值分析法和现金流分析法，通过横断面数据回归估计负债税盾的价值，厘清负债与公司价值之间的关系。最后，通过线性回归和分位数回归分别检验公司税率与债务融资之间的关系，为经典资本结构理论在中国的适用性提供经验证据。

1.4 拟解决的关键问题

为了探索以上问题的答案，本书希望在阅读和分析国内外有关所得税对公司融资决策影响文献的基础上，主要解决以下问题：

（1）由于我国法定执行税率相对固定，实际税率与边际税率各有优劣，实际税率的计算数据容易取得，而边际税率将应税所得的波动、亏损的结转等因素考虑在内，本书拟从样本总体、年度、地区和行业层面对上市公司税改前后的实际税率和边际税率进行分析，检验法定税率与实际税率和边际税率之间的动态变动关系。

（2）税制改革前后，中国上市公司的债务税盾和非债务税盾到底为公司增加了多大价值，验证债务税盾收益和非债务收益是否影响公司的债务融资乃至整个资本结构决策，并通过实证验证公司价值除了受税盾价值影响外，还受到哪些因素的制约。

（3）对影响负债融资的所得税因素进行理论分析和实证检验，并根据最小二乘法回归和分位数回归说明不同资本结构水平下所得税税制变革对负债融资的影响程度。

1.5　研究内容

本书的研究内容按如下顺序进行安排：

第一章绪论。本章阐述本书的研究背景和研究意义、研究目标和研究内容、研究方法以及本书采用的技术路线，目的是对全文的研究做一个预览。

第二章文献综述。本章从公司所得税税负计量方法研究、公司税盾价值的研究以及所得税与公司融资结构关系的研究三个方面，对国内外的相关文献进行了归纳和梳理，指出以往研究取得的成就和存在的不足，提出了本书拟研究的主要内容。

第三章所得税与公司融资决策的相关理论分析。本章首先阐述了西方税收公平的思想、税收公平的内涵以及实现税收公平的相关理论支撑。然后对本次所得税税制改革可能产生的影响进行了分析，如降低法定执行税率，扩大税基等会减少所得税对经济政策的扭曲效应，从而实现企业的税负公平。最后分别从资本成本和现金流的角度对我国税收制度背景下所得税对公司融资决策的影响进行了理论分析，为后面章节的实证研究打下理论基础。

第四章上市公司所得税实际税率及其影响因素分析。本章首先界定所得税实际税率计算公式，通过模型的设计与变量的定义，验证实际税率与法定税率之间的关系，检验新税法实施前后，上市公司实际税率 ETR 是否发生显著的变化，以检验 2008 年的税制改革是否达到了预期的效果，最后利用截面数据对我国上市公司实际税率的影响因素进行了实证检验。

第五章上市公司所得税边际税率有效性分析。本章对融资决策中节税动机的代理变量进行了优劣分析，重点考虑以前年度亏损对边际税率的影响，接着采用随机游走模型来模拟估计我国上市公司的边际税率，并通过所有制性质、企业规模、行业等对边际税率的有用性进行实证检验。

第六章上市公司所得税税盾价值研究。本章首先以 MM 理论为出发点建立了税盾价值模型，接着验证债务税盾价值的存在，最后运用我国上市公司的数据实证检验了债务税盾和非债务税盾对公司价值的影响。

第七章企业所得税对我国上市公司负债融资决策影响的实证研究。本章在理论分析的基础上，同时采用多元线性回归和分位数回归来研究企业所得税对我国上市公司负债融资决策的影响。

第八章结论。本章对专著的各部分研究进行总结，形成研究结论。同时指出本书研究存在的不足以及今后的研究方向。

1.6 研究方法和技术路线

1.6.1 研究方法

本书涉及公司财务学、税收学、法学、财政学、经济学（包括宏观和微观）、金融学等多种学科理论和方法，拟采用规范研究和实证分析、定量研究和定性分析相结合的研究方法，既强调理论架构与方法创新，又结合实际进行现状分析与对策研究。

（1）规范研究方法

本论文将以探讨 2008 年税制改革背景下我国上市公司的税负为分析起点，结合公司财务理论、税收学理论及制度经济学等相关理论，采用规范研究方法对所得税改革对公司融资决策的影响进行清晰界定，结合中国经济制度和公司所得税征管的特殊背景，构建分析框架，并对相关问题进行定性分析。

（2）比较研究方法

本课题拟多视角考察、探讨和比较我国上市公司法定执行税率、实际税率和边际税率的计量，按照行业、地区和所有权性质深入分析税制改革对公司税负、税盾价值及其融资决策的影响，为研究者、企业管理者和政策制定机构提供参考。

（3）分析式研究方法

本书将采用分析式研究方法去深入研究所得税与公司融资决策的相关理论，以 Modigliani 和 Miller 开创的著名的 MM 资本结构无关论为理论起点，阐述在征收公司所得税的情况下，公司价值与公司债务价值成正比，重点探讨债务融资所带来的"节税"（Tax Saving）价值的税盾效应。由于理论推导出的债务融资所带来的税收利益在一定程度被夸大，因此，实际上企业债务融资所带来的税收利益应该比财务理论推导出的收益要低。本书将依据所得税税制变革为背景，证明债务税盾的利益是上市公司进行融资决策时考虑的重要因素之一，最终为公司债务融资决策提供参考依据，并将促进资本结构理论的发展。

（4）实证研究方法

在公司所得税负担计量方面，几乎所有的学者都承认由于企业所得税的存在，企业的负债融资会对企业价值产生影响，但企业负债的税收利益究竟在多大程度上影响企业的价值？本书在计量税负变化的基础上，对上市公司的债务税盾价值进行测算。

在税盾效应的实证研究方面，本书论证税盾效应的存在以及如何影响公司融资决策及公司价值。实证部分的研究方法和研究结果也是对于已有相关文献的有益补充。研究思路包括：文献回顾→假说提出→模型构建→收集数据→统计检验→结果分析；具体检验方法包括：相关性分析、非参数检验、参数检验、多元线性回归、分位数回归等。

1.6.2 技术路线

专著首先对国内外相关研究成果进行回顾，从理论上分析所得税税负计量及其对企业融资决策的影响，接着讨论公司所得税对公司资本结构和公司价值的影响。随后，专著对我国上市公司的实际税率和边际税率的计量方法进行了系统探讨，并以 2000 年之前上市的公司作为研究样本，分析了我国上市公司的整体税负情况及其影响因素，对上市公司的边际税率的有效性进行了分析，并验证了企业所得税对债务税盾及公司融资决策的影响。本书研究的技术路线如图 1-1 所示。

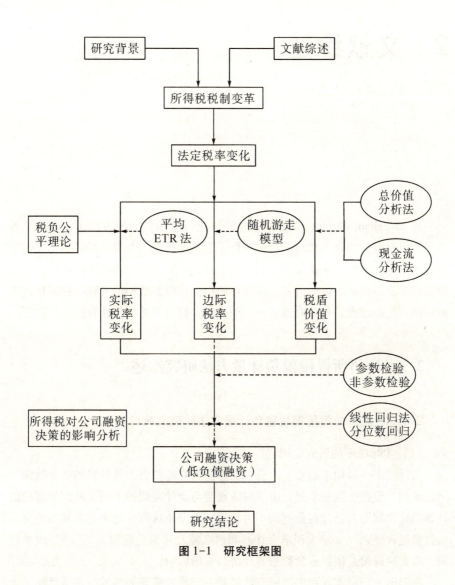

图 1-1　研究框架图

2 文献综述

自 Modigliani 和 Miller（1958、1963）进行开创性的研究以来，西方学者关于所得税对公司资本结构的影响进行了大量的研究，并且已经取得了比较丰富的成果。这些研究主要集中于如下几个方面：①公司所得税负担计量方面的研究；②公司税盾价值的研究；③所得税与公司融资结构的研究。我国在这方面的研究起步较晚，虽然取得了一定的成绩，但与西方相比还有很大的差距。

2.1 公司所得税税负计量方法研究综述

2.1.1 国外公司所得税税负计量方法研究文献综述

（1）实际税率的研究应用

实际税率一般用于衡量上市公司的总体所得税税负，其计量的产生起源于会计准则与税收法规的差异。由于税法规定与会计准则的不同，从而使按税法计算的应税利润与会计税前利润不再相等，而导致这两者之间的差异的经济原因包括税收优惠（如加大税前会计利润的抵减及获取免税收入）、政治成本假设、隐含税假设及诸如通货膨胀等经济因素的影响。

在美国，公司实际税率的研究已经是一个比较完善的领域，在荷兰和澳大利亚，实际税率的研究也为政策制定者提供了有益的参考。Siegfried（1974）最早进行了关于行业平均实际税率的综合研究。Siegfried 计算了生产和采矿行业在 1963 年整个纳税年度的平均实际税率，在计算中 Siegfried 考虑到了从"特别税收条款"所获得的税收减免，并同时考虑了国外税收抵免条款，经过计算他得到的平均实际税率是 39%，这与 52% 的法定税率存在差异。他认为差异来自于"特别税收条款"和税费抵减的存在。在文中，他计算了 6 个平均实际税率，范围从税收抵免前的未调整应付税款除以应纳税所得额这个比率，一直到对税收抵免、已收到的可以抵扣的股利、净经营损失等调整后的应付税款除以一个大约"真实"的会计利润，即采用包括税收补贴等调整过的应纳税所得额计算出来的比率。

Stickney 和 McGee（1982）检验了公司间实际税率的差异与公司规模、负债比例、资本密集程度以及自然资源的差异的关系，其目的是检验公司所得税的中立程度。Zimmerman（1983）考察了企业规模、行业分类和实际税率之间的关系，研究的目的是确定企业规模是否可以作为政治成本的代表。Citizens for tax justice（CTJ）（1985）采用当期应付税费除以税前利润作为实际税率，并计算了 250 家大公司 1981—1984 年的实际税率。计算结果表明，许多大公司在这段时间内的实际税率低于 46% 的法定税率，250 家大公司平均的实际税率是 15%。实际税率低于法定税率的主要原因是使用了加速折旧法和投资税收抵免政策，从而导致了行业间和行业内差别的税收负担。Porcano（1986）为研究公司所得税制度的公平性问题，对 1300 多家企业在 1982—1983 年期间实际税率的结构进行了检验。检验结果表明，税制结构中的实际税率是递减的，也就是说，如果所得税收入的增长速度大于财政收入的增长速度，那么就需要在公司所得税领域进行相应的改革。Shevlin 和 Sue Porter（1992）为检验美国 1986 年税收改革法案（Tax Reform Act of 1986）的效果，在他人研究的基础上，将美国非常大的公司（250 家）的数据期间扩展到 1988 年和 1989 年来研究实际税率的变化情况，同时将实际税率的变化分解为收入的影响、税率的影响和税收法规的影响，研究的结论是实际税率的变化主要是由于税收法规的变化（即扩大了税基）而不是其他两项因素。另外，他们还比较了两个企业规模有重大差异的样本在改革前后的实际税率，结果发现，改革前小公司的实际税率比大公司明显要高，改革后两个样本无重大差异，从而得出了税收改革增加了大公司税收负担的结论。Gupta 和 Newberry（1997）为研究影响公司实际税率变化的各种因素，采用了 1982—1985 年与 1987—1990 年的两个面板数据，结果发现实际税率与公司的业绩、资本结构和资产密集度等有统计上的显著关系，但与公司规模不显著。研究同时发现美国 1986 年的税制改革对公司所得税税负有显著影响。

Mark Harris 和 Simon Feeny（1999）对澳大利亚的大公司的公司特征与实际税率的关系进行了研究，结果发现，研究开发费用、支付的利息、是否是上市公司、子公司的数量以及国外所有者权益对实际税率有显著的影响。

Mills，Newberry 和 Trautman（2002）用 COMPUSTAT 数据描绘了 1991—1998 年间资产负债表中会计和税法上对收益计量差异的变化趋势。结果发现，在 20 世纪 90 年代，二者的差异在不断扩大。另外，他们又进一步按行业和获利能力区分了样本，对应纳税所得额和会计所得又做了比较，发现应纳税所得额在整体上大于会计所得，金融服务行业是差异最大的行业，并且获利能力高的公司与亏损公司相比较，应纳税所得额和会计所得之间的差异要大。

在实际税率的计量方面，Fullerton（1984）为实际税率的计算提供了一个简单的计算公式：上年税费除以上年收益。由于在这个公式中对上年税费和上年收益没有进行清晰的界定，从而产生了大量可以计量实际税率的方法，进而导致了实际税率存在很大差异。Dworin（1985）通过研究发现，实际应纳税款和当期所得税费用存在差异，可能是由于不同关联公司财务报表中的数字包括在实际应纳税款中，却没有包括在合并的应纳税收益中。Spooner（1986）也指出，用财务报表中的数据计算实际税率时，有 8 个潜在的严重问题：行业分类、样本选择、其他税费和收益的关系、点估计与趋势估计、国外税收抵免的差异、国外支付的税款、产生损失的公司以及不同税率差异的认定理由。Wilkie（1988）认为，实际税率应定义为税收负担与税前经济收益的比率，即

$$ETR_S = \frac{TB}{PEI} \tag{2-1}$$

其中，TB 为税收负担，PET 为税前经济收益。

通过与以前的研究相比较，税收负担被定义为当前应纳税款；税前经济收益被税前会计收益所替代，即：

$$ETR_S = \frac{(TI \times TR) - Credits}{PTI} \tag{2-2}$$

其中，TI 为应纳税收益，TR 为税率，Credits 为税收抵免；PTI 为税前会计收益。

Omer，Molloy 和 Ziebart（1991）探讨了如何在美国的税收制度及会计准则背景下运用财务报表数据来测算公司的实际税率，最终，他们给出了 5 种常用的计量方法：

方法一：

$$ETR_S = \frac{CTE(ALL)}{PTI - USIncome(Loss) - EXIncome(Loss) + MIIncome(Loss)}$$

$$\tag{2-3}$$

其中，$CTE(ALL)$ 为来源于国内外的当期税费；PTI 为税前会计收益；US $Income(Loss)$ 为来自非合并子公司的权益收益；EX $Income(Loss)$ 为非正常所得（或损失）；MI $Income(Loss)$ 为少数股东收益（或损失）。

方法二：

$$ETR_s = \frac{CTE(Federal)}{PTI - USIncome(Loss) + MIIncome(Loss)} \tag{2-4}$$

其中，$CTE(Federal)$ 为来自联邦政府的当前税费。

方法三：

$$ETR_s = \frac{TITE - \Delta DTL}{PTI - (\Delta DTL/SMTR)} \tag{2-5}$$

其中，$TITE$ 为总的税费；ΔDTL 为递延所得税贷项的变化额；$SMTR$ 为法定边际税率。

方法四：

$$ETR_s = \frac{TITE - \Delta DTL \& \Delta ITC}{OCF} \tag{2-6}$$

其中，ΔITC 为投资抵免变化额；OCF 为经营现金流量。

方法五：

$$ETR_s = \frac{TITE - \Delta DTE}{PTI - (\Delta DTE/SMTR)} \tag{2-7}$$

其中，ΔDTE 为递延所得税费用的变化额。

Small 和 Caragata（1995）提出了以回归为基础的 ETRs 的估计方法。假设 t_i 是公司给定时期的税费。$(X_{1i}, X_{2i}, \cdots, X_{ni})$ 是决定当期税费的一些解释变量，如现金流量、利润、成本和资产等，当然也取决于法定税率。可用下式表示：

$$t_i = f(x_{1i}, x_{2i}, \cdots, x_{ni}, r^s, u_i)$$

其中 u_i 是随机干扰项。平均实际税率即为：

$$A_{ji} = \frac{t_i}{x_{ji}} \tag{2-8}$$

由于税费决定函数是非线性的，因此平均实际税率也是非线性的。

公司 i 在 t 时期的估计方程为：

$$TAX_{it} = \beta_o + u_i + \sum_{j=1}^{N} \sum_{k=1}^{P} \beta_{jk} BASE_{ijt}^k + \varepsilon_{it} \tag{2-9}$$

其中，N 为影响税费因素 BASE 的个数，K 为 BASE 的幂指数。

定义：$\beta_{oi} = \beta_o + u_i$

式中也可加入哑变量作为控制变量。

另外，在一个给定年度，如果公司没有发生所得税费用，TAX_{it} 通常是双峰的。为了控制 TAX 为零情况的发生，用一个 logit 模型：

$$pr(TAX_{it}^* = 1) = \Lambda(X\beta)$$

这里 TAX_{it}^* 是一个指示变量，如果 $TAX_{it} > 0$，其值为 1，否则为 0；X 是变量矩阵；β 是一致的参数向量；$\Lambda(X)$ 是逻辑累积密度函数。X 的选择没有严格的理论支持。

Janssen 和 Buijink（2000）将实际税率定义为：

$$ETR_S = \frac{TE - (DT_t - DT_{t-1})}{EBIT} \tag{2-10}$$

$$ETR_S = \frac{TE - (DT_t - DT_{t-1})}{CF + IC\&R} \tag{2-11}$$

其中，TE 为税费，DT 为递延税款，$EBIT$ 为息税前利润，CF 为现金流量，$IC\&R$ 为利息费用和收入。

（2）边际税率的研究应用

边际税率（Marginal tax rate，MTR）是指应纳税所得额增加一个货币单位时所得税额的增加比率。在这一领域中的主要代表人物有 Shevlin 和 Graham。

Shevlin（1990）使用模拟税率研究美国税法中净经营亏损的前转条款和后转条款。Shevlin 假设公司的应纳税所得额的变动满足随机漫步（random walk）。

$$\Delta TI_{it} = \mu_i + \varepsilon_{it} \tag{2-12}$$

ΔTI_{it} 表示第 i 家公司第 t 年的应税所得相对于上一年的增量（即应税所得之差），μ_i 表示第 i 家公司 ΔTI_{it} 的样本均值；ε_{it} 表示一系列零均值、不序列相关、同方差（方差等于 ΔTI_{it} 的样本方差）的正态随机扰动项。估计应税所得的公式如下：

$$\text{应税所得} = \text{税前账面收益} \pm \frac{\text{递延税款}}{\text{公司税率}} \tag{2-13}$$

由于美国的税法规定净营运损失可以向后递延 15 年，向前递延 3 年，因此，在估计边际税率时，采用 18 个随机正常值作为 ε_{it}。每一个应税所得的估计建立在每个公司特定的应税所得样本均值和方差的基础上。运用上面的公式，再把 t 年后 15 年的税用公司平均债券利率贴现，前 3 年的税不用贴现。然后在 t 年的收入上加上一元，t 年的税的现值重新计算，这两个差值就是待估计的边际税率。

这样的过程重复 50 次，每次重新估计 18 年的应税所得。这 50 个估计值的平均值就是 i 公司 t 年的边际税率。

Graham（1996a）将模拟方法扩展到确定非债务税盾、投资税收抵免和供选择的最小税制度对公司资本结构决策的影响上。Graham（1996）使用模拟的公司边际税率证明了模拟公司边际税率与负债比率的变化呈正相关关系①。他通过分析 10 240 家公司 1980—1992 年的年度数据得出如下结论：税法给予利息可以税前扣除的优惠，使得高边际税率的公司比低边际税率的公司有更高的积极性发行债券。Graham，Lemznon 和 Schallheim（1998）、Graham 和 Mills（2007）对公司债务水平的验证也得出了同样的结论。Graham（1996b）证明当"真实"边际税率被定义为根据已经实现的应税所得计算的经济税率时，模拟税率是"真实"边际税率的最好替代。Graham（1996b）认为较容易计算的三分法变量是模拟税率的合理替代。如果公司应税所得为正，且没有净经营亏损前转，则这个三分法变量就等于法定税率；如果应税所得为负或者有净经营亏损前转，则该三分法变量等于法定税率的二分之一；如果公司应税所得为负，且拥有净经营亏损前转，则三分法变量为零。Plesko（2003）比较了依据586 家公司财务报表数据计算的模拟税率和使用真实税收返还数据计算的模拟税率。他发现基于财务报表数据的模拟税率和基于税收返还数据的模拟税率高度相关。Plesko 的研究成果表明基于财务报表数据的模拟税率可以粗略地表示公司的税收状况。

2.1.2　国内公司所得税税负计量方法研究文献综述

国内在对实际税率的研究和应用上都起步较晚。王昉（1999）以平均所得税费用除以平均税前利润总额作为平均实际税率的计算公式，并以 1993—1997 年我国 525 家上市公司的数据，分行业和分地区考察了我国上市公司平均实际税率的情况，结果发现我国上市公司的实际所得税率平均是 16.07%，远远低于名义税率 33%。王延明（2003）采用参数和非参数方法并运用1994—2000 年上市公司数据对我国上市公司所得税负担与规模、地区及行业的关系进行分析，得出如下结论：不同规模、不同地区、不同行业之间的所得税负担都有显著的差异。② 吴联生和李辰（2005）对实施"先征后返"和取消"先征后返"的优惠政策对公司实际税负的影响进行了研究，结果发现"先征后返"优惠政策显著降低了享受该政策的公司的实际税负，而取消该项优惠政策则显著提高了他们的实际税负，这在一定程度上反映了中央政府与地方政

① Graham J. R. Debt and the Marginal Tax Rate [J]. Journal of Financial Economics，1996a，Vol. 41；41 –74.

② 王延明. 上市公司所得税负担与规模、地区及行业关系 [J]. 证券市场导报，2003（3）.

府的利益冲突，同时也反映了中央政府取消"先征后返"政策的有效性。① 曹书军（2008）采用我国非金融类上市公司的面板数据，应用随机效应模型研究了公司特征对实际税率的影响。研究结果表明：财务杠杆与实际税率显著负相关，公司规模、固定资产密度与实际税率没有显著性关系。彭培鑫，朱学义（2010）通过计算我国上市公司2004—2008年的实际税率，发现我国上市公司的实际税率远低于法定税率，2008年的两税合并降低了我国上市公司的所得税负担，但对不同行业、不同地区的影响不同，总体趋势是不同行业、不同地区间的所得税负担差异减小了，这也体现了本次税制改革的政策效应。

在实际税率计量研究方面做出较大贡献的学者主要有陈晓和王延明。

陈晓等（2002）在计算上市公司的税收负担时考虑到了"补贴收入"的情况，他采用如下公式进行计算：

$$实际税率 = \frac{应交所得税 - 补贴收入}{利润总额 - 补贴收入} \tag{2-14}$$

这种方法是从企业与政府利益分配的角度考虑企业的税收负担。

王延明（2004）在对我国上市公司实际税率背离执行税率原因分析的基础上，也提出五种平均实际税率计量方法：

方法一：

实际税率=当期所得税费用/税前会计利润　　　　　　　　　　　（2-15）

这种方法将税法与会计准则的差异体现在分子与分母中，是以会计收益为基础综合计量企业所得税负担的方法。

方法二：

实际税率=（应交所得税-补贴收入）/（利润总额-补贴收入）　（2-16）

这种方法借鉴了陈晓的思路，主要从企业与政府利益分配的角度来考虑企业税收负担。

方法三：

实际税率=当期所得税费用/（税前会计利润+不包括坏账损失的资产减值准备-投资收益）　　　　　　　　　　　　　　　　　　　　　（2-17）

这种方法剔除了资产减值准备和投资收益两项税法与会计准则差异的重要因素。

---

① 吴联生，李辰."先征后返"、公司税负与税收政策的有效性［J］.中国社会科学，2007（4）.

方法四：

实际税率＝（当期所得税费用−非经常性损益×执行税率）／（税前会计利润+不包括坏账损失的资产减值准备−投资收益±非经常性损益）　　　　（2-18）

该种计量方法认为非常损益是可操控性会计的重要部分，应将其从税前会计利润剔除。

方法五：

实际税率＝（当期所得税费用+所得税返还部分）/税前会计利润　　（2-19）

这种方法主要是计量政府补贴及所得税返还前实际税率水平。

国内学者对于边际税率的研究应用相对于实际税率来说更少。马拴友（2001）首先通过时间序列回归估计了各地区地方税的边际税率和平均税率，然后，在使用平均税率控制税收与经济的逆因果关系下，由截面回归分析了边际税率与经济发展水平和增长率之间的关系，发现边际税率与各地区的经济增长和人均 GDP 水平均呈显著的负相关性，并从税收政策方面解释了西部地区发展缓慢的原因，认为 1994 年的财税体制改革，促进了中部地区的经济增长，但对西部的效应不明显，这就需要重构税制，特别是西部地区应通过机构改革，政府职能转换和优化财政支出，适当降低地方税的边际税率，以建立具激励效应的地方税制，促进经济增长。俞微芳（2003）采用了修正的三分法变量来计算边际税率，并运用计算出的边际税率检验了税率与资本结构之间的关系，于是得出了企业所得税税率对资本结构有显著影响，且边际税率高的企业倾向于使用更多负债的结论。王志强（2006）采用 Graham 的方法估计出了公司的边际税率，并以此为基础计算出了公司的债务税盾拐点，最后得出如下结论：我国的上市公司整体上债务税盾拐点很高，债务政策非常保守，而且盈利能力越强的上市公司债务政策越趋向于保守。[1] 周文斌和姚文辉（2008）从我国政策性金融债市场的税收均衡问题入手，分析了我国目前的债券投资税收环境和市场边际税率的决定，并得出了以下结论：我国金融债市场的供给结构不均衡，边际税率随期限的增加而递减，金融债市场的融资功能发挥得不充分。梁伟华（2011）利用我国上市公司的公开数据，采用 Monte Carlo 的随机模拟算法计算出样本公司的边际税率，并以边际税率作为公司税负的替代变量研究了企业所得税对公司资本结构的影响，得出了企业所得税税率与公司资本结构正相关的结论。

---

[1]　王志强. 中国上市公司债务政策的实证研究［J］. 厦门大学学报，2006（4）.

2.2 公司税盾价值的研究综述

2.2.1 国外关于税盾价值实证研究的文献综述

1963 年，Modigliani 和 Miller（1963）提出了债务利息可以带来税盾价值并影响公司的融资决策，在此之后，众多学者对税盾价值如何影响公司融资决策及公司价值等方面做了大量的实证研究，这些研究大致可以分为以下几个方面：

（1）关于税盾价值对公司融资决策的影响

关于税盾价值是否影响公司融资决策的选择这一问题，国外学者由于采用的方法、选择的样本及期间不同，得出了不同的结论。部分学者认为债务税盾和非债务税盾与公司资本结构的关系并不显著。如：Bradley，Jarrell and Kim（1984）在借鉴 DeAngelo and Masulis（1980）一般均衡模型思想的基础上，构建了多元线性回归模型，并对美国从 1962 年到 1981 年期间 25 个行业的上市公司资本结构的影响因素进行了实证分析，解释变量包括公司价值变化程度、息税前收益的时间序列变动状况、研发支出、产业变量、财务困境成本、非债务税盾如固定资产折旧和无形资产摊销等。分析的结果表明，非债务税盾对于公司的资本结构的影响并不显著，而研发支出和公司价值变化程度对公司的资本结构却有显著影响。[①] Davis（1987）通过选取加拿大从 1966 年到 1982 年的企业财务数据对税率与资本结构的关系进行了实证检验，结果发现实际税率与公司的财务杠杆比率的关系呈现弱显著。Fischer，Heinkel and Zechner（1989）以均衡理论为基础构建了一个动态资本结构选择模型，并进行相应的实证分析，结果表明风险程度较高、规模较小、破产成本也较低的公司，其资本结构具有更大的变化幅度，但是实证分析却没有得出税收与财务杠杆比率有明显的数量关系。然而，也有一些学者认为税收对公司的资产负债率有显著影响。Mackie-Mason（1990）指出，以往的实证研究之所以没有能够证明所得税对资本结构有显著的影响，是因为在过去研究中学者们所选择的财务杠杆比率是多年累计的结果，这样他们容易忽略掉大部分税盾价值对公司边际税率的影响。于是，他们在研究积累性财务决策时采用离散选择分析进行，并着重对投资抵

---

① Bradley, M., Jarrell, G. and Kim, E. H.. On the Existence of and Optimal Capital Structure: Theory and Evidence. Journal of Finance, 1984（39）：857-878.

免以及税收损失向前追溯对公司的融资决策选择进行了实证分析，结果发现有效边际税率与公司的边际债务融资额之间有显著的正相关关系。针对 1981 年《美国经济复苏税法》要求提高投资税盾的现实状况，Trezevant（1992）在 Mackie-Mason 研究的基础上，对美国企业的债务税盾价值变化情况进行了实证检验，结果发现非债务税盾和债务税盾之间显著负相关。Graham（1996a）按照美国联邦税法对公司亏损前后年度利润进行调整的有关规定，对美国公司的边际所得税率进行了计算，以此为基础，然后再加入了一系列控制变量后，他用计算出的边际税率对公司的债务融资决策进行了回归分析，回归结果表明：边际税率低的公司的债务比率比边际税率高的公司的债务比率低。以上研究只是解释了所得税与公司资本结构之间是否存在相关性，却没有解释当税率作为外生性变量变动时它对公司资本结构的影响。Givoly，Hahn，Ofer 和 Sarig（1992）以 1986 年美国的税法改革为背景对税率变动与资本结构的关系进行了研究，结果发现当公司的所得税税率降低时，其财务杠杆也会发生相应的下降。但是，有两个原因导致这一结论的可靠性受到怀疑：一是 1986 年美国的税法改革降低了全部公司的法定执行税率，这样，在研究公司税率变动对资本结构的影响时，缺少税率没有变动的公司作为参照物；二是 1986 年美国的税法改革在调整公司所得税的同时也对个人所得税税率进行了调整，而公司的资本结构决策也受个人所得税税率变动的影响（Graham，2003）。因此，他们发现的这一结论很可能是由个人所得税税率的变化所带来的，而不是由公司所得税税率的变动所引起的。尽管他们采用滞后一期的股利收入对个人所得税效应进行控制，但是，后来的研究发现在采用不同的替代变量对个人所得税效应进行控制时，会得到不相同的研究结论。Grant 和 Roman（2007）对澳大利亚税制改革中公司有效税率的变动进行了检验，他们运用财务杠杆对实际税率进行回归分析，结果发现公司财务杠杆与实际税率之间存在显著的负相关关系。Graham 和 Mills（2007）运用税收返还数据模拟计算了公司的边际税率，并对边际税率与公司债务水平的关系进行了检验，得出如下结论：由于税法允许债务利息可以在所得税前扣除，这使得边际税率高的公司比边际税率低的公司有更高的积极性去进行债务融资。[1]

（2）关于税盾价值能否增加公司价值

Fama 和 French（1998）利用横截面数据，以利息费用和公司税率的乘积

---

① Graham J R, Mills Lillian F. Using Tax Return Data to Simulate Corporate Marginal Tax Rates. Working Paper, Duke University.

代替债务税盾，在加入了一些控制变量后对债务税盾与公司价值的关系进行了实证分析。实证结果发现，债务税盾和公司价值之间存在显著的负相关关系，这显然与传统的理论分析和实证结果都截然相反，并且实证结果也没有发现公司通过债务融资能够取得税收方面的净收益。也就是说，公司举借债务向投资者传递了一个破产成本升高、资金周转受限的负面信息，其作用超过了公司债务融资所带来的税盾价值。

Graham（2000）在假定公司的利息费用和债务水平不断变化的前提条件下，借鉴他在1996年所采用的边际所得税率的计算方法，进一步计算了公司实际利息费用各个倍数下的边际所得税率，并建立了公司债务税盾收益的曲线模型。根据这个模型就可以推算出公司使用债务的激进或保守程度，同时还可以计算出公司的税盾价值。研究结果与传统的理论分析及实证结果都是相异的，即美国的上市公司在使用债务融资时具有普遍的保守性，并且规模越大、预期财务困境成本越低、盈利能力和流动性越强的公司对债务融资的使用越趋于保守。

Kemsley和Nissim（2002）首先将公司的未来盈利能力定义为债务规模、公司价值和其他控制变量的线性方程，然后采用横截面数据来估计公司债务的税盾价值和个人所得税的负面抵减价值。研究结果表明公司债务规模与公司价值之间显著正相关，债的税盾价值与公司法定税率在时间序列上的变化、以及债的税盾价值与公司边际税率在横截面上的变化都呈现出非常显著的正相关关系。研究结果还表明，尽管个人所得税会抵减一部分债务税盾价值，但这种抵减的影响程度是很有限的。

2.2.2 国内关于税盾价值实证研究的文献综述

在税盾价值的实证研究方面，国内的大部分研究都是将所得税看作影响资本结构的因素之一进行分析，但研究结果并不一致。冯根福等（2000）以1996年以前上市的公司为样本，并以这些样本公司连续4年的财务数据为依据，对资本结构的影响因素进行了相关分析，结果得出债务税盾与资本结构正相关的结论。肖作平和吴世农（2002）在对资本结构影响因素的实证研究中，分析了非债务税盾与资本结构的关系，分析结果表明非债务税盾与公司的财务杠杆比率呈负相关关系。然而，肖作平（2004）在他的另一篇文章《资本结构影响因素和双向效应动态模型》一文中，通过构建双向效应动态模型，采用我国非金融类上市公司的面板数据，从动态视角研究了公司特征对资本结构的影响。结果发现，非债务税盾与财务杠杆的关系不显著。曹崇延和丁晨

（2004）、赵志坚（2005）通过对我国上市公司资本结构影响因素的分析，也得出了同样的结论。柳松（2005）利用主成分分析和多元回归分析法研究了资本结构的影响因素，得出公司债务税盾与其负债水平正相关，而非债务税盾与其负债水平负相关的结论。胡国柳和黄景贵（2006）以1998至2002年间沪、深两市非金融类A股公司的数据为依据，采用逐步回归法，研究了所得税与资本结构之间的关系，研究结果表明非债务税盾与资产负债率和流动负债率都呈现显著的负相关关系。

也有一些学者着重检验了所得税与公司资本结构之间的关系。俞微芳（2003）分别以资产负债率、长期负债率的改变量作为因变量，同时以当年边际税率、前一年的边际税率作为自变量，另外还加入了公司规模、非债务税盾、盈利能力、破产的可能性以及行业因素等控制变量，来检验公司所得税与资本结构的关系，结果显示公司所得税税率对资本结构有显著的影响，同时还得出边际税率高的公司有更大的动机进行债务融资，以充分利用债务的税盾价值来提高公司的价值。吴联生、岳衡（2006）以我国在2002年取消"先征后返"所得税优惠政策为背景，以2001至2003年度间的财务杠杆变动作为被解释变量，以在2001年是否享受"先征后返"的优惠政策作为虚拟变量，同时还加入了公司规模、公司成长性、累计折旧的变动等控制变量，运用变化模型来研究税率变动对资本结构的影响，结果发现当实际执行税率提高时，公司就有意识地提高其财务杠杆，并且，他们提高财务杠杆的方式是增加公司的债务融资，而不是降低其所有者权益。王素荣、张新民（2006）以我国2000年至2004年上市公司的财务数据为依据，分别采用区间分析法和回归分析法，对公司资本结构与所得税税负的关系进行了实证研究，研究结果表明：当上市公司的资产负债率在60%~80%之间时，既是公司实际税负最高的区间，也是公司激进经营的区间，同时还得出资产负债率、流动比率与所得税税负之间存在正相关关系的结论。王志强（2006）采用案例研究法，通过计算上市公司实际利息费用不同倍数下的边际所得税率，构建了上市公司债务税盾收益曲线模型，通过该模型得出我国上市公司的债务税盾拐点普遍较高，所采用的债务政策也非常保守，上市公司债务税盾价值约占公司总价值的4.82%。田高良、赵莉君（2008）以2002—2005年经过筛选的上市公司作为样本，对所得税与我国上市公司资本结构的关系进行了实证分析，并且考虑了资本利得税率与红利所得税率之间的差异，研究结果表明：公司所得税税率与流动负债显著正相关，但是与长期负债的关系并不显著。① 黄明峰、吴斌（2010）采用区间分析、配对样本 T 检验、回归分析和倍数差分法等方法检验了税率变化对资本结构的影响。得出的结论是公司税负水平和资本结构显著正相关，税率下降的公司降低了其财务杠杆，且其财务杠杆的变动幅度大于税率不变的公司。② 王跃堂等（2010）以 2008 年我国的企业所得税改革为背景，检验了不同产权性质下债务税盾与资本结构的关系。研究发现，税改后税率降低企业明显降低了其债务水平，而税率提高企业则显著提高了其债务水平，并且非国有企业在融资决策中会更多地考虑债务税盾的因素，在税收筹划方面更为激进。③ 彭培鑫、朱学义（2011）也以 2008 年我国的两税合并为背景，实证检验了税率变动对上市公司资本结构的影响。研究结果表明：所得税税率的下降会导致上市公司降低其财务杠杆，并且主要通过增加其所有者权益的方式进行调整。

2.3 所得税与公司融资结构的研究综述

2.3.1 国外所得税与公司资本结构关系的研究综述

国外在税收与资本结构关系的理论研究上起步较早，已取得了较为丰富的研究成果。从大的方面来说可以将他们的研究成果分为两个方面：不考虑税收因素的资本结构无关论及税收效应相关理论。

（1）资本结构无关论

1958 年，Modigliani 和 Miller 提出了著名的 MM 资本结构无关论。他们假设厂商都是资本市场均衡价格接受者，由于完美、均衡的资本市场不存在无风险套利（Arbitrage）的机会，于是他们提出了追求价值最大化的厂商并不能够通过选择特定的资本结构比率来提高公司价值的论断。在 Modigliani 和 Miller 提出资本结构无关论后，许多学者从不同的视角对其进行了重新证明和完善。例如 Stiglitz（1969）将 MM 的理论模型拓展到一般均衡模型，并对 MM 理论成立的前提条件进行了归纳总结，指出 MM 理论成立的强条件和弱条件。在 1974 年，Stiglitz 又将 MM 的资本结构无关论从单期的一般均衡模型推广到多

① 田高良，赵莉君. 所得税对我国上市公司资本结构的影响 [J]. 西安交通大学学报：社会科学版，2008（3）.

② 黄明峰，吴斌. 税收政策的变化影响公司资本结构吗？[J]. 南方经济，2010（8）.

③ 王跃堂，王亮亮，等. 产权性质、债务税盾和资本结构 [J]. 经济研究，2010（9）.

期的一般均衡模型。

（2）税收效应相关理论

MM 理论一个非常重要的前提假设就是没有税收，但是，在现代社会中，任何一个政府都是征税的。因此，在影响企业融资决策的所有因素中，税收既是最直接的一个因素、也是较为重要的一个因素。现有最早的对 MM 资本结构无关论的假设进行放宽的研究，都是从税收效应的角度入手的。

Modigliani 和 Miller（1963）最早探讨了公司在进行资本结构决策选择时的所得税效应。由于税法对支付给债权人的利息和股东的股息处理原则不同，即利息费用可在所得税前扣除，而股利只能在所得税后作为利润进行分配。也就是说，债务融资可以获得税收利益（Tax Subsidy），因此，在考虑公司所得税的情况下，公司最优的资本结构应该是 100% 的负债融资。

然而，上述理论结论与现实情况之间存在明显的巨大反差，为解释这一问题，一些学者如 Baxter（1967）和 Baron（1974）提出债务融资会增加企业的破产成本，并以此为出发点引出进一步的研究推论，认为公司最优资本结构应该是由债务融资带来的税收收益与由增加债务融资所带来的破产成本的权衡（Robichek & Myers，1966；Scott，1977，1979）。

Miller（1977）则对破产理论提出了异议。他认为对于上市公司来说，破产成本的确存在，但是相对于债务融资的税收利益，这二者的数额则是不成比例的。另外，也无法运用破产成本理论来解释 1913 年以前美国公司的资本结构决策情况，更无法解释收益债券（Income Bonds）在美国不受企业青睐的现象。于是，Miller（1977）推导出了公司所得税和个人所得税影响公司价值的公式，即米勒模型。因此，他认为，理论和现实出现差距的原因并不在于破产成本，而在于个人所得税。

税收的"非中性"或"税收差异"是税收影响厂商行为的根本原因。最早研究这种税收差异对公司财务决策的影响是 Farrar 和 Selwyn（1967）。他们将公司所得税和个人所得税对公司融资决策的影响分为以下四种情况，分别是：①既存在公司所得税，又存在个人所得税；②存在公司所得税，但不存在个人所得税；③不存在公司所得税，但存在个人所得税；④既不存在公司所得税，也不存在个人所得税。在 Farrar 和 Selwyn 之后，学术界关于所得税对公司资本结构决策的研究才开始深入到税收差异方面，并形成了"税差学派"。但是，由于 Farrar 和 Selwyn 没有首先建立税后资本资产定价模型，因此，他们只能在其模型中把利润最大化作为公司财务决策的目标，而不能将不同时点实现的现金流量进行适当折现。Brennan（1970）看到了 Farrar-Selwyn 模型存在的不足，于是建立了考虑到投资者必须缴纳不同的股利所得税和资本利得税情况下的资本资产定价模型（CAPM）。

早期的资本资产定价模型是一个二部门的均衡模型，它的前提假设是不存在政府部门，投资者在取得收益后不需要缴税。然而，实际的情况是投资者在取得投资收益后都要先缴纳个人所得税，剩余的部分才是自己的真实收益，因此造成投资者在进行投资决策时最关注的是自己的税后收益，而对税前收益并不太关注。正是由于个人所得税的存在，公司支付给投资者的资本收益与投资者实际得到的资本收益不再相等，在它们之间被插进了一个"税收楔子"（Tax Wedge）。实际上，如果对投资者的债券利息、资本利得和股利征收相同的个人所得税，那么原有的平衡格局就不会被改变，也就是说政府的税收是中性（Neutral）的。但是，这个条件在现实中一般无法满足。

Brennan（1970）是最早应用现代资本资产定价理论研究公司融资决策税收效应的学者。他首先从资本市场均衡的角度，把 Sharpe 的二部门的均衡模型拓展到三部门的均衡模型，并以此为工具来研究税收差异对资本结构的影响。

1977 年，Miller 在其论文中预言：如果公司所得税采用比例税率，而个人所得税采用累进税率，那么，即使公司在融资时进行相应的调整，那么公司的资本结构决策与公司的价值也不相关。但在美国仍有很多学者认为，美国税法对公司分配的股利进行双重征税会导致两方面的不利影响，一方面可能会造成对公司债务融资的激励超过了对权益融资的激励，从而增加公司的破产风险；另一方面会对资本的市场配置产生扭曲作用，进而导致了效率损失。消除这种负面影响的办法就是采用"股利扣除法"（Dividend Deduction Method）或"归属抵免法"（Imputation Credit Method）（Feldstein 和 Frisch，1977；Hickman，1975）来消除或减轻对股利的重叠征税。所谓股利扣除法就是指在计算公司所得税时，允许将公司的股利和利息一样在税前扣除，这样就消除了利息在公司所得税上优惠政策；所谓抵免法就是指在计算公司所得税时，股利不允许在税前扣除，但在计算个人所得税时，却允许股东个人将该部分股利已经缴纳的公司所得税予以抵免。采用这种方法，公司分配的股利在公司所得税上没有得到优惠，却少缴了股东的个人所得税，从而避免了双重征税。在这种思想指引下，Litzenberger 和 Van Horne（1978）构建了一个考虑消除股利双重征税对公司资本结构决策的效应差异。他的研究结论认为股利扣除法将消除债务融资在所得税上的优惠，使权益融资与债务融资之间不再存在差异。抵免法尽管不能完全消除债务融资在所得税上的优惠政策，但它却在很大程度上降低了债务融资的激励效果。

在 Miller 1977 年的研究中，他最大的成果是分析了利息和股利个人所得税差异对资本结构决策的影响，他在假设股票和债券的供给水平保持不变的前提下，建立了同时考虑公司所得税和个人所得税情况下的股票市场与债券市场的一般均衡模型。借助这个模型经过理论推导，他指出，由于个人所得税采用累进税率，使得个人利息收入存在边际税率上的劣势，同时公司在供给政策上的调整也抵减了债务融资在所得税上的部分优势。因此，虽然在整个资本市场层面上存在总均衡负债权益比，但对单个公司来说，并不存在最优的资本结构，也就是说在考虑公司所得税比例税率和个人所得税累进税率的情况下，公司资本结构与公司价值是无关的。

DeAngelo 和 Masulis（1980）分别在 *Journal of Financial Economics* 和 *Journal of Finance* 两份刊物上发表了两篇论文：*Optimal capital structure under corporate and personal taxation* 和 *Leverage and dividend irrelevance under corporate and personal taxation*。在文中，他们认为，Miller 的资本结构无关论对公司所得税的一些更现实的条款非常敏感。尤其是累计折旧和投资抵免等"非债务税盾"（Non-debt tax shield）的存在就能够推翻 Miller 的资本结构无关论。在他们的理论模型中，这些更接近现实的税收条款的存在意味着即使公司在供给方面做出调整，当市场达到均衡时，每个公司都存在唯一的最优资本结构。而且更为重要的是，最优资本结构的存在无须引进代理成本、破产成本以及其他与财务杠杆相关的成本。如果考虑这些相关成本，则无论是否存在非债务税盾因素，每一个公司也同样存在一个最优的资本结构。另外，由于市场把公司所得税和个人所得税资本化，导致破产成本在与债务融资所带来的税收利益进行权衡时就变得举足轻重。这一点显得尤为重要，因为这使得 Miller 所谓的"马和兔子"的比喻变得不再确切。同一年，Schneller（1980）和 Taggart（1980）分别探讨了在不完全市场条件下，公司进行资本结构决策选择时的税收效应。1983 年，Auerbach 和 King（1983）也构建了一个既考虑公司所得税又考虑个人所得税的一般均衡模型。

2.3.2　国内所得税与公司资本结构关系的研究综述

近年来，国内学者对所得税与上市公司资本结构之间的关系进行了深入的探讨，在这些研究文献中，理论研究较少，实证研究则相对较多。在理论研究方面，宋献中（2001）通过规范性研究认为，当企业扩大融资时是采用负债融资还是权益融资，可以将追增债务融资与追增权益所产生税收效应的差异以及权益资本收益率的差异相比较，最终确定企业最佳的负债比率的上限和下限。王志强（2003）则建立了一个研究公司财务政策选择的税收效应理论模型，该模型既可以用来研究税收对股利政策选择的影响，也同时可以用来研究税收对资本结构政策选择的影响。他认为债务融资是否能带来税收利益将最终取决于资本利得税率、股利所得税率与利息所得税率的比较。敬志勇、欧阳令南（2003）在不确定条件下，假设息税前收益均匀分布，基于静态权衡利率建立了破产成本期望值模型和负债抵税价值期望值模型，在统一的负债区间内对负债的利息抵税净收益进行了分析，并确定了当存在利息抵税净效应最高时，公司应有最优的负债数额和最优资本结构。但是，这一结论暗含了一个假设：只有公司的净利润大于零时才会有债务税盾。向冠春、齐寅峰（2005）则认为，只要公司的息税前利润为正数，就会存在债务税盾。他们通过一个实例探讨了收益不确定情况下，公司获得债务税盾的三种情况：①如果公司的税前利润为正数，则公司获得的债务税盾是充分的；②如果公司的税前利润为负数但息税前利润大于零，则公司可获得部分债务税盾；③如果公司的息税前利润小于零，则公司不能获得任何债务税盾。闵琪（2007）结合我国税收制度的实际情况，以 MM 模型为研究工具，分析了所得税对公司资本结构的影响，得出我国单个公司应该存在最优资本结构，公司可以通过调整资本结构来提高公司价值。贺伊琦（2010）通过对证券市场供需双方一般均衡模型的建立，发现公司存在非债务税盾时，米勒的资本结构无关论并不成立。取而代之的是债券和股票相对市场价格的不断调整，直到市场均衡时每个公司都具有唯一最优的资本结构。梁伟华（2011）以边际税率作为公司税负的替代变量，利用我国上市公司的公开数据研究了企业所得税对公司资本结构的影响，得出了企业所得税税率与公司资本结构正相关的结论。

2.4　研究文献述评

本章通过对税负计量、公司资本结构理论演化发展过程的回顾，发现资本结构理论的发展一直与税收问题紧密联系在一起，公司资本结构研究绕不过税收问题。从传统财务理论上分析，由于债务利息在税前支付，有助于节税，使得企业采用债券和贷款融资相对于股权融资更为便宜，从而有利于提升公司价值，但国内外研究结论存在诸多争议。而在实证研究中，由于不同学者选取了不同所得税税负的替代变量，也得出了不同的研究结论；另外，国内对税盾价值计量的研究也很少有学者涉及。

首先，从税收视角来看，债务的税盾利益影响负债融资，融资的结构决定了资本结构，资本结构决定企业的财务结构、财务杠杆的运用和融资决策的制定，最终影响公司价值。然而，从 MM 理论的开创性研究到现在，有关税收与资本结构的理论研究依然是众说纷纭，没有一个统一的结论。

其次，如何准确地衡量债务的税收利益也是一个非常困难的问题。公司的真实有效税率当然就是最好的变量，然而这一税率在实际中却不可能被观察到，因此就存在如何选择替代变量的问题。在实证分析中，使用的公司税率准确与否将直接关系到实证检验的结果是否可信以及可信的程度有多高，因此，如何准确估计企业面临的真实税率是一个非常重要的问题。为解决这一问题，国外不少学者作了很多探索研究，从法定税率到实际税率再到边际税率，到目前为止，学者们大都认为 Graham 的边际税率是最好替代，并且已有不少经验研究证实了这一点。但是，在中国，Graham 的边际税率究竟能在多大程度上代替真实税率，还有没有更好的估计方法仍是一个值得研究的问题。另外，在实证研究上也存在着很大的分歧，造成这种分歧的原因除了税法本身的复杂性外，选择合适的代理变量来衡量公司所得税负担更是一个关键因素。由于公司边际税率的测度比较困难，我国学者在检验税收与资本结构的关系时基本上采用的是实际税率，然而当公司亏损或利润为 0 时，公司的实际税率为 0，只有当公司盈利时，公司的实际税率才为正，它不是正态分布。用非盈利情况下的实际税率来衡量税收负担是没有意义的。此外，由于亏损额可以往后结转，在有些情况下模糊了实际税率与负债之间的关系，容易得到错误的结论。只有极少数学者采用了边际税率，如俞微芳（2003）以边际税率作为自变量来检验公司所得税与资本结构的关系，结果显示公司所得税税率对资本结构有显著的影响，同时还得出边际税率高的公司有更大的动机进行债务融资，以充分利用债务的税盾价值来提高公司的价值。但是俞微芳没有运用模拟税率来计算边际税率，而是采用了修正的三分法变量来确定边际税率，具体操作如下：①如果公司的应税所得大于零，而且没有亏损弥补，则边际税率就是该公司的法定税率；②如果应税所得小于零，或者有亏损弥补，则边际税率为该公司法定税率的二分之一；③如果公司应税所得小于零，而且又有亏损弥补，那么边际税率就是零。这种方法虽然计算简单，却有失准确性。

再次，公司税率由国家法律统一规定，它会在相当长的一段时间里保持稳定不变，这样在实证研究关于税率变化对公司资本结构的影响时就很难搜集到相关的数据。虽然国内已有一些经验研究发现了所得税与资本结构有很大的相关性，但是所得税究竟会在多大程度上会影响到公司的资本结构，所得税税率的变化会不会引起国内上市公司对资本结构进行相应的调整等问题都需要进一步探讨。

最后，有关债务税盾与非债务税盾的实证研究结果并不一致，有时甚至是截然相反的。而且在使用非债务税盾时也是有缺陷的，因为非债务税盾是通过影响企业面临的税前抵扣而间接影响到企业的融资结构决策的，只有当企业有足够的应纳税利润和非债务税盾时，它才有可能影响到企业所面临的税收负担。即使如此，债务税盾和非债务税盾对公司价值的影响也相对较小，所以也就难以发现或论证税收对公司融资决策的影响。

事实上，有哪些因素会影响公司的资本结构决策，这些因素如何影响的，以及公司是否存在最优资本结构等问题，一直是困扰财务界的一个难题。那么，在此基础上考察所得税税率变动对公司资本结构的影响就更会是一个比较困难的问题。总之，近二十年来，国内学者已经开始尝试应用国外的理论和方法，结合中国的具体情况进行实证研究，由于学者们采用了不同的方法和不同时期的数据，因此，他们得出的结论也并不相同。但这些开创性的工作正在逐步把对这个问题的研究引向深入，尽管结论尚不能令人信服。另外，我国的税收体制与西方国家并不相同，比如我国对于利息等个人所得采用比例税率征收个人所得税，而不是累进税率，同时，到目前为止，我国还一直未开征资本利得税等。而现有的资本结构理论基本上是依据国外的税收环境建立的，它并不一定适合研究我国上市公司的资本结构。因此，建立适合我国企业的资本结构理论模型，寻求更好的经验分析方法以得出更加令人信服的结论是值得进一步深入研究的问题。

针对以上问题，本书拟做如下工作：①利用2008年所得税"两税合一"的窗口，通过法定执行税率、实际税率、边际税率等多种计量模式尽量精确地反映上市公司税收负担的变化，尤其是采用随机游走模型来测算上市公司的边际税率，并与实际税率相比较，以检验其有效性；②验证中国上市公司的债务税盾的存在及其价值；③检验所得税税负与融资决策的关系。

2.5 本章小结

综上所述，本章主要阐述了三个问题：①公司所得税负担计量方面的成果综述；②公司税盾价值的研究成果综述；③所得税与公司融资结构的研究综述。正是由于公司融资决策研究绕不过所得税法规的影响，选择合理的所得税负担代理变量至关重要。因此，如何估计企业面临的真实税率是一个非常重要的问题，它直接关系到本书验证的结论是否可信以及可信度的高低。本章梳理了从实际税率，到边际税率的国内外计量方法。虽然很多学者认可 Graham 的边际税率是最好的替代变量，但该研究成果是否适应于 2008 年所得税税制变革后的中国税收制度及资本市场，该变量究竟能在多大程度上代替实际税率，还有没有更好的估计边际税率的方法，这仍是一个值得研究的问题。关于税盾价值是否存在以及税制变革和税盾价值变化如何影响公司融资决策的选择这一问题，国内外学者从不同视角进行研究，但得出了不同的结论，这也为后文的研究指明了方向。

3 所得税与公司融资决策的
　　相关理论分析

随着经济的发展和税收制度的逐步完善，税收已经渗透到社会经济活动和人们日常生活的各个方面，影响着整个社会中各个经济实体的经济利益，成为人们在进行经济决策时不可忽视的重要因素。

3.1　所得税税制与税收公平

税收是国家的命脉。由此可见，税收的重要性是不言而喻的。税收是国家财政收入的主要来源与保障，而纳税人是否足额纳税自然成了税收的保障。如果政府在征税制度或环节上不公平，则其征税的阻力就会加大，而纳税人偷税逃税的现象也会随之增加，严重的还会引起经济和社会的不稳定，自然也就谈不上一个国家的正常发展了。税收公平，特别是经济公平，对我国向市场经济体制转轨过程中的税制建设与完善具有重要的指导意义。因为我国市场经济发育还相当不健全，存在不公平竞争的外部因素较多，同时，适应市场经济发展要求的税制体系也有待进一步完善。因此，如何使税制更具公平，为市场经济发展创造一个公平合理的税收环境，成为我国企业所得税税制改革的重要方向。

3.1.1　西方税收公平思想

1799 年在英国诞生了公司所得税，自 20 世纪 60 年代拓展至大多数国家和地区，历时 160 余年。在 20 世纪 90 年代，随着经济全球化的发展，要求各国消除妨碍国际资本、货物、人员流动的税收障碍。从公司所得税的角度看，由于存在过多的优惠措施，不但严重侵蚀了税基，而且还造成了不同企业之间的税负不公平。公平是税收的基本原则，在现代社会，税收公平原则更是各国政府完善税收制度所追求的目标之一。公平税负原则曾被亚当·斯密列于税收四大原则之首。

早在 17 世纪，古典经济学家威廉·配第就提出了公平、便利、节省的税收原则，18 世纪尤斯蒂提出的六大税收原则就包括了"平等课税"，亚当·斯密从经济自由主义立场出发，提出了平等、确实、便利、最少征收费用四大课税原则。德国经济学家瓦格纳提出的税收原则是财政政策原则、国民经济原则、社会公正原则、税务行政原则。其中社会公正原则包含普遍原则和平等原则，普遍原则是指课税应毫无遗漏地遍及社会上的每个人，不能因身份、地位等而有所区别，平等原则是指社会上的所有人（企业）都应当按其能力的大小纳税，能力大的多纳，能力小的少纳，无能力的（贫困者）不纳，实行累进税率。特别是二次世界大战后，随着经济发展速度的加快，西方经济学各种思想、主张、体系纷纷提出，主张国家干预的理论和政策占了支配地位，政府的职能有了很大扩展，税收不再仅仅是政府筹措收入和集中资金的工具，而是成为实现政府社会经济目标的手段。在这样的社会经济背景下，税收原则理论也进一步发展，强调税收在资源配置、收入分配和经济稳定增长方面的作用，由此形成了普遍接受的税收原则体系的基本框架，其中就包括效率原则（包括经济效率和税务行政效率）、公平原则、经济稳定和增长原则。在我国历史上，也有很多强调税收公平的论述。因此，在企业所得税税制变革问题上，我国仍将税收公平原则作为税收的四个基本原则之一，并通过立法加以确立和保障。

3.1.2　税收公平的内涵

公平包括公正、平等、合理等。税收公平原则是指政府征税要使各个纳税人承受的负担与其经济状况相适应，并使各个纳税人之间的负担水平保持均衡。

早期的税收理论重视税收负担的公平，尤其是在自由竞争的资本主义时期，相关税收理论强调税收应当尽量减少对经济生活的干扰，减轻企业的负担。这一阶段首先要解决的是税负与纳税人经济条件是否相衔接的问题。这在很大程度上是"收益说"理论的演化，即纳税是纳税人支付给国家税款，那么纳税人必然关心税收的使用是否为其带来相关收益。这一层面的税收公平意味着，具有相同纳税条件的人应该缴纳相同的税，这就对征税提出相关的要求，反对政府不顾纳税人的实际情况采取摊派式的征税方法。但在现实经济生活中，由于垄断等因素的存在导致了不公平竞争，因为各利益主体在占有资金、技术、劳动力、自然资源等生产要素上存在差别，所以必然存在收入差距、贫富不均乃至两极分化。正是因为税收所依托的大环境是不公平的，所以税收本身的小环境也无法做到真正的公平合理。比如同量所得应缴纳相同的税款，但这两笔所得的性质和取得的难易程度可能差异很大，在如此条件下只讲税收负担公平是不妥当的，因为税收公平不仅仅渗透于经济活动的全过程，而且还融汇于社会生活的方方面面，所以，税收公平至少应该包括社会公平和经济公平。

（1）税收的社会公平

所谓税收社会公平，是指通过课税机制对社会再分配发挥作用，使社会成员之间的财富占有和收入分配结果处于相对均等状态，以实现社会公平目标。税收社会公平的实现，主要是通过个人所得税、公司所得税、社会保障税、财产税等手段来完成。在促进社会公平的政策体系中，税收只是其中的重要工具之一，但并非全部，它还包括社会救济、社会福利等各种转移支付政策。税收的社会公平主要体现在公民之间在政治权利、社会分配、社会待遇、个人权益等方面，通过一定的体制、制度、管理和政策来体现公正、平等。税收公平，首先是作为社会公平问题而受到重视的。不患寡而患不均，社会公平问题历来是影响政权稳固的重要因素之一。尽管政府给纳税人提供了一些公共服务，但由于征税会直接减少纳税人的经济利益，因此，征税会使政府和纳税人之间客观上存在利益的对立和抵触，纳税人就会格外关注政府征税是否公平、合理。如果政府征税不公平，则征税的阻力就会增大，偷税、逃税现象也会随之增加，严重的还会引起社会矛盾乃至政权更迭。

税收的社会公平，最早指的是绝对公平，它要求每个纳税人都应该缴纳相同数额的税收，在实践上就反映为定额税和人头税的盛行。瓦格纳则将公平的标准从绝对公平发展到相对公平，即征税要考虑到纳税人的实际纳税能力，纳税能力强的应该多缴税，而纳税能力弱的就应该少缴税，它要求税制实行累进税率。如今，在理论上，相对公平又分为横向公平和纵向公平。

横向公平是指经济能力相同的纳税人应缴纳相同的税收。税收横向公平的衡量标准有三种：一是按照纳税人拥有的财产来衡量；二是以纳税人的消费或支出为标准；三是以纳税人取得的收入所得为标准来测定。从各国税制的实践来看，大多采取较为现实可行的第三种标准。一般认为，横向公平至少具有下述几方面的要求：①排除特殊阶层的免税；②自然人与法人均需课税；③对本国人和外国人在课税上一视同仁，即要求课税内外一致。

纵向公平是指经济能力不同的人应缴纳数额不同的税收。税收纵向公平情况下，国家对纳税人实行差别征税的标准有两种：一是"受益原则"，主张纳税人应纳税额的数量，根据纳税人从政府征税中获得利益的多少来确定；二是"负担能力原则"，是根据纳税人纳税能力大小来判断税负是否公平。此原则又根据如何判断负担能力而分为客观说和主观说。客观说主张根据纳税人对财富的拥有程度，主观说主张根据纳税人因为向国家纳税而感受到的牺牲程度即对纳税人使用财产满足度。事实上，所谓的税收纵向公平就是指税法对不同收入水平（支付能力）的纳税人的收入分配应如何干预才是公平的。

以累进税率和比例税率为例，二者的区别在于前者可使高收入者负担比低收入者更高比例的税额，从而在再分配中影响高、低收入者之间在初次分配时形成的分配格局；后者使高、低收入者负担相同比例的税额，对初次分配格局影响不大。由此看来，适用累进税率比适用比例税率更符合税收纵向公平的要求。但即使如此，美国当代经济法学家波斯纳对累进税制也提出了批评，认为累进税制"会产生一系列严重的管理问题"。他举例说，对一个第一年赚1万美元、第二年赚10万美元的人和一个两年中每年赚5.5万美元的人来说，依比例税制，两人缴纳的总税额是一样的；但依累进税制，第一个人就要比第二个人缴纳更多的税款。同时，他还论证了收入的边际效用递减原则和累进税制的得益理论都无法证明累进税制的合理性。所以，波斯纳认为，如果我们"将比例税制（这可能会比累进税鼓励更多的生产活动，同时管理成本也较节约）和向低收入团体提供转移支付相结合，可能会使最贫困的人受益。"

需要说明的是，如果说横向公平要求同等地对待所有情况相类似的人，那么纵向公平则强调针对不同情况和不同的人予以不同的法律调整。上述两部分内容共同作为税收公平原则的组成部分，在理论上是一个整体。从另一个角度来看，税收的公平原则的体现也得益于税收的法治原则。税收的法治原则，就是政府征税，包括税制的建立、税收政策的运用和整个税收管理，应以法律为依据，以法治税。法治原则的内容包括两个方面：税收的程序规范原则和征收内容明确原则。前者要求税收程序（包括税收的立法程序、执法程序和司法程序）法定；后者要求征税内容法定。例如，要是纳税人如实申报并依法纳税，必须使其相信税收是公平征收的，即对每一个纳税人都是公平的。如果人们看到与他们富裕程度相同甚至远比他们富裕的邻人少缴很多税甚至享受免税待遇，或者人们认为现实税制存在着偷漏税或避税的现象，纳税人的信心就要下降，纳税人很可能会因此而千方百计地逃税以至抗税。另外，税收矫正收入分配不均或悬殊差距的作用，对于维护社会稳定、避免爆发革命或社会动乱也是不可或缺的。这也正是自威廉·配第、亚当·斯密以来的许多经济学家都将"公平"、"平等"原则置于税收诸原则之首的原因所在。

（2）税收的经济公平

税收经济公平是指通过课税机制为所有的市场利益主体建立机会平等的经济环境。税收的经济公平主要体现在通过税制结构的合理构建，建立机会平等的经济环境。它包括两个方面的含义：①如果竞争环境是平等的，并且税收政策对平等竞争环境没有影响，税收将保持中性。即税收对所有从事市场经济活动的纳税人都要一视同仁、同等对待。税收对经济的调节是寓于征税过程中的，在征税过程中，税收会在市场各种经济关系中打入一个"楔子"，由此影响相对价格，从而影响生产者和消费者的各种决策。由税收而导致的经济决策的变化，很可能扭曲资源配置，产生效率损失。因此，从效率的要求来说，税收制度的设置应实行"中性"，即尽量地不影响或不干扰生产者和消费者的行为，公司所得税税率以比例税率为主等都是这种公平的体现。②如果竞争环境是不平等的，如资源差异等，那么就必须建立一种有效的课税机制，对市场实施差别征税，以消除各种不平等竞争障碍，以创造大体同等或说大体公平的客观的竞争环境，即税收政策必须在力所能及的范围之内，扫除不平等竞争的制度障碍，并矫正分配不公的格局。简言之，就是通过对税收中性或非中性的主动选择，使税收有利于维持或促成平等竞争的经济环境。

税收经济公平主要是各利益主体要在公平的"游戏规则"下进行各项经济活动，并平等、自由地进行要素分配和收入的初次分配。经济公平实质上是一种市场公平，它既要依靠内在力量（市场机制）实现，又需要外部力量（政府调控）维护。按照经济活动的不同阶段及其特点，经济公平可以划分为以下3个层次：一是起点公平，指经济活动"游戏规则"上的公平。"起点"意味着"机会"，因此起点公平又是一种机会平等，它要求独立的经济主体和个人都应当享有平等的政治、社会地位，平等地从事经济活动。企业所得税要达到经济公平，不仅要遵循机会平等、收益相同的原则，还要根据某一机会质量确定人们利用这一机会得益数量的多少，过多或过少都要通过征税或税收优惠加以调节，从而鼓励企业选择和利用好发展的机会。二是过程公平，指公平的"游戏规则"在经济活动中得到公正实施和全面落实，它是起点公平的延续和具体落实过程。三是结果公平，指经济活动的结果要客观、公正与合理。结果公平是起点公平和过程公平的延续，并受到起点公平和过程公平的影响。

3.1.3 相关理论支撑

税收怎样才算公平，在不同时期，往往标准不同，理解也不同。从税收公平原则的发展历史来看，税收公平经历了一个从绝对公平到相对公平，从社会公平到经济公平的发展过程。税额的绝对公平，即要求每个纳税人都应缴纳相同数额的税。经济学家曾就税收负担如何公平地分配于纳税人，提出过诸多观点，大体可以归纳为以下几种：

（1）利益赋税原则。此原则认为税收是社会成员为得到政府的保护所付出的代价，纳税人根据个人从政府提供的公共产品中享受利益的多少而相应地纳税。享受利益多的人多纳税，享受利益少的人少纳税，没有享受利益的人则不纳税。这一税赋原则的理论基础是自愿交易理论和成本收益理论。将税收看作为公共产品的价格，以自愿交易为基础对公共产品缴纳税金。

（2）量能课税原则。即根据纳税人的纳税能力，判定其缴纳多少税或者其税收负担多大。纳税能力大的多纳税，纳税能力小的少纳税，无纳税能力的则不纳税。

（3）天赋能力公平说。这是一种较为古老的公平学说，其依据人们的天赋基础准则，即征税应不妨碍人们按天赋才能进行收入分配。如果人们的税后收入符合人们的天赋能力差别，则税收是公平的。

（4）最小牺牲或最大效用说。即若征税后能使社会的收入获得最大效用的税收就是公平的。税收的最基本职能是从经济中汲取部分资源转为政府使用，以满足政府为社会提供各种公共物品和劳务，以及对经济进行必要的调控的财力需要。如果失去这一点，税收也就失去了存在的必要性。

但当前的所得税法规以应税所得作为衡量纳税能力的标准，存在着一些缺陷：

第一，一些收入项目在征税中既难监测又难管理和控制，如实物收入、推算收入和未实现的资本利得。所以，征税一般只能对以货币形式表现的收入进行。但是对实物收入和推算收入不征税，显然是不公平的。此外，由于社会和政治方面的压力，对某些项目也是不征税的，如退休金、保险赔款等。这样，以收入来衡量的纳税能力就不够准确。

第二，收入有多种来源，有勤劳收入（工资和劳务报酬）、投资收入、意外收入和其他收入，即使是相等收入的纳税人，其收入来源也可能有差别。而对不同来源的收入不加区别的同等纳税，也是有失公平的。

第三，支付能力的计量标准和统计口径受多方面情况影响，如家庭人口的赡养问题、身体状况等。在等量收入的情况下，一个单身汉的纳税能力显然要比一个需要负担孩子和老人的人的纳税能力要强。同等收入条件下，身体状况差的人的纳税能力也显然相对要差。

事实上，在衡量纳税人的纳税能力方面，收入、支出、财产都是不全面、不完整的。但相比较之下，收入标准较支出要合理些。尽管现代所得税的征税基础不包括所有来源的收入，但所得税在税收负担的分配上还是可以按纳税能力进行适当调整。在各国的财政实践中，为了贯彻公平原则，一般是以所得税为主，通过其他税种的配套，即通过一个复合的税收体系来较全面地贯彻公平原则。

3.1.4　我国的所得税税负公平

从新中国的历史发展来看，过去我们长期强调"公平"而忽视"效率"，固然有着当时经济发展水平低的因素，但其实当时所主张的"平等"实际上是片面的，是未与效率有机结合的、庸俗的平均主义。因此，一旦进入经济转轨并迅速发展时期，人们的价值天平就自然地倾向了"效率"一边，这是无可厚非的。但问题就在于在对国民收入进行再分配的税收领域，人们也不加区分地依然把砝码加在天平上"效率"的一侧，因为人们不愿再回到过去的那种强调所谓的"公平"而忽视"效率"、"吃大锅饭、捧铁饭碗"的状态中去。所以，人们必须突破这种"心理障碍"，重新对税法的"公平优先，兼顾效率"价值取向进行全面、深刻地认识。

为了保证税收能充分满足财政支出的需要，首先，必须要选择合理的税制结构模式，确定税制结构中的主体税种。主体税种的选择必须要有充裕而可靠的税源。其次，要求税收收入能随着国民经济的增长而增长，这就是税收收入弹性理论。所谓税收收入弹性是指税收收入增长率与经济增长率之间的比率，用公式表示为：

$$E_T = (\Delta T / T) / (\Delta Y / Y) \tag{3-1}$$

上式中，E_T 为税收收入弹性，T 为税收收入，Y 为 GNP 或 GDP，$\triangle T$ 和 $\triangle Y$ 分别为税收收入和 $GNP(GDP)$ 的增量。税收收入弹性反映了税收对 $GNP(GDP)$ 变化的反应，当 $E_T = 1$ 时，表明税收收入的增长速度与经济的增长速度同步；当 $E_T > 1$ 时，表明税收收入的增长速度快于经济的增长速度；而当 $E_T < 1$ 时，则表明税收收入的增长速度慢于经济增长的速度，但税收的绝对量有可能是增加的。强调税收制度要有弹性，一般来说是指税收弹性必须等于或大于 1。因为随着经济的增长和社会的发展，社会对公共物品和劳务的客

观需求是不断增加的。而且随着经济的增长，市场之间的各种矛盾也趋于加剧，要求政府进行更多的干预。按瓦格纳所提出的对公共物品劳务需求的收入弹性，随着实际收入（GNP）的上升，对公共物品和劳务的需求将以更大的比例上升。由此要求税收的增长速度必须大于 GNP 的增长速度，以满足政府提供公共物品和劳务的需要。但税收弹性也不能过高，否则会影响经济正常增长。

税收收入的弹性与税率的弹性有关。税率弹性是指税率变动百分比与所引起的税收收入变动的百分比之间的比例。用公式表示为：

$$E_t = (\Delta T / T) / (\Delta t / t) \qquad\qquad (3-2)$$

上式中，t 和 $\triangle t$ 为税率和税率的变动额，T 和 $\triangle T$ 为税收收入和税收收入的变动额。税率弹性可能是正的，也可能是负的。如果税率弹性为正，则说明税率变动与税收收入的变动同方向。如果税率弹性为负，则说明税率变动和税收收入的变动方向是相反的。这时，在税率提高的情况下，税收收入不但不会增加，反而会减少。之所以会出现这种截然相反的情况，是基于这样一种理论，即税率变动会影响税基的规模。如果税率变动导致人们从事经济活动的积极性受到打击，会阻碍经济的增长，造成税基规模缩减，则税率弹性为负。税率弹性可用拉弗曲线说明。见图 3-1：

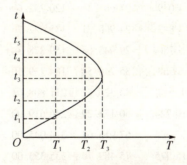

图 3-1　拉弗曲线图

拉弗曲线是 20 世纪 70 年代美国经济学家阿瑟·拉弗提出的，用以表示税率与税基、税收收入之间的关系。拉弗的基本观点是：在某一个水平的税率以下，税率弹性为正，在图中为 t_1 至 t_3 部分，即税率提高，税收收入相应增加。超过这一水平，税率弹性为负，既税率提高，税收收入不仅不会提高，反而会降低，意味着此时税率提高对税基造成了影响，使税基的规模开始降低。从图中看，当税率从 t_3 提高到 t_4、t_5 时，税收收入从 T_3 回缩至 T_2、T_1。图中 t_3 即为税率的临界点，在 t_3 之后，税率弹性为负，这意味着进入了税率的禁区。

税收是否保证财政收入的充裕取决于满足公共物品和劳务的需要程度，而公共物品和劳务的需要是由社会和经济的发展决定的。但需求本身是无限"贪婪"的，所以需求本身不是决定税收充分与否的决定性因素。税收是政府获取资源的工具，在社会资源一定的情况下，资源在公共部门与私人部门之间配置的效率才是衡量税收充分与否的根本依据。

宏观税负是一个国家在某一时期内征税收入总额占同期经济总量的比重，它表明政府在国民经济分配中发挥社会经济职能作用的强弱。改革开放 30 年来，随着税收收入总规模的大幅提升，我国宏观税负呈现出快速增长的势头，突出表现在税收收入增长率两倍或多倍于 GDP 增长率，这引起了学术界和实务界的广泛关注。

对于静态宏观税负的测量，主要包括：不含社保基金的税负测量与含社保基金的税负测量。见表 3-1：

表 3-1　　　　　　　　　　　中国静态宏观税负

年份	税收收入 （1） 亿元	社保收入 （2） 亿元	含社保税收 （1）+（2） 亿元	GDP（3） 亿元	宏观税负 a（1）/（3）	宏观税负 b[（1）+ （2）]/（3）
2001	15 301.38	3 102	18 403.38	109 655.17	13.95%	16.78%
2002	17 636.45	4 049	21 685.45	120 332.69	14.66%	18.02%
2003	20 017.31	4 883	24 900.31	135 822.76	14.74%	18.33%
2004	24 165.68	5 780	29 945.68	159 878.34	15.12%	18.73%
2005	28 778.54	6 968	35 746.54	184 739.10	15.58%	19.35%
2006	34 809.72	8 517	43 326.72	211 808.01	16.43%	20.46%
2007	49 449.29	10 724	60 173.29	246 619.00	20.05%	24.40%
2008	54 219.62	13 696	67 915.62	314 045.00	17.26%	21.63%
2009	59 514.70	15 975	75 489.70	335 353.00	17.75%	22.51%
平均	33 765.85	8 188	41 954.08	202 028.12	16.17%	20.02%

那么，如果从动态指标角度，使用税负弹性相关指标来分析税负公平，即税收增长速度与税基增长速度的比值。如表 3-2 所示：

表 3-2　　　　　　　税收收入、财政收入与 GDP 增长比较

年份	GDP 增长率	税收增长率	财政收入增长率	税收弹性	财政收入弹性
1995	10.5	17.77	19.6	1.69	1.87
1996	9.6	14.44	18.7	1.5	1.95
1997	8.8	19.16	16.8	2.18	1.91

表3-2(续)

年份	GDP增长率	税收增长率	财政收入增长率	税收弹性	财政收入弹性
1998	7.8	12.49	14.2	1.6	1.82
1999	7.1	15.33	15.9	2.16	2.24
2000	8	17.78	17	2.22	2.13
2001	7.50	21.6	22.30	2.88	2.97
2002	8.30	15.3	15.40	1.84	1.86
2003	9.30	13.5	14.90	1.45	1.60
2004	9.50	20.7	21.60	2.18	2.27
2005	10.40	19.1	19.90	1.83	1.91
2006	10.70	21.0	22.50	2.10	2.10
2007	11.90	31.1	32.00	2.61	2.69
2008	9.60	18.9	19.50	1.96	2.03
2009	8.70	9.8	11.70	1.13	1.34
平均	9.18	17.86	18.80	1.96	2.05

从表3-2可以看出，在GDP呈现平均稳定增长9.18%的态势下，税收收入自1995年也呈现平均17.86%的高速增长，几乎是GDP增速的2倍。尤其是其中4个年头增速超过20%，7个年头增速介于15%~20%之间，2004—2008年每年增速接近或超过20%。从2008年和2009年的数据可以看出，所得税制改革之后，静态的和动态的宏观税负都出现下降的态势。

3.1.5 所得税税制变革的考量因素

从经济发展的规律上看，当一个国家的经济发展至工业化之后，所得税收入可能会大幅增长；当经济完全成熟、人均收入相对较高时，个人所得税将取代企业所得税成为主体税种。

21世纪初，各国所得税改革的主旋律是"简化税制，扩大税基，整顿优惠，提高效率"，而且在次贷危机之后，各国不可能再有类似于20世纪80-90年代的大规模减税的政策目标。我国2008年对企业所得税的修改措施体现在：一是降低法定执行税率，扩大税基，减少其对经济政策的扭曲效应；二是制定新的产业和地区优惠政策，充分发挥其对国民经济的正面调控作用；三是通过税率影响企业的资本成本。其中，企业资本的使用成本主要包括两项：一是直接成本，包括固定资产折旧与税收（包括公司所得税与对红利征收的个人所得税）；二是因为放弃了其他投资机会而发生的机会成本。当资本成本高时，企业会选择劳动密集型高、资本密集度低的产业进行投资，反之则相反。但只要所得税政策能降低资本成本，它就会增加企业期望拥有的资本存量，从而增加投资。此处引用乔根森（1963）建立的资本使用成本模型进行描述。假设公司所得税率为 T_C，红利个人所得税率是 T_S，则一元的公司应税所得的税后收益为 $(1 - T_C) \times (1 - T_S)$。假设资本成本的使用成本是 C，征收公司所得税、个人所得税后，则：

$$(1 - T_C) \times (1 - T_S) \times C = (r + \delta) \qquad (3-3)$$

其中，r 为税后利率，δ 为经济折旧率。

公式变形后为：$C = \dfrac{r + \delta}{(1 - T_C)(1 - T_S)}$ \qquad (3-4)

假设 z 为一元投资形成折旧的现值，k 为投资的税后抵免率，则资本成本会按照 $(1 - z - k)$ 的影响而往下速减。

$$C = \frac{(r + \delta)(1 - z - k)}{(1 - T_C)(1 - T_S)} \qquad (3-5)$$

由此可见，如果其他条件不变，提高企业所得税率会使资本投资成本上升，投资将更加昂贵，但降低企业所得税率将使得资本投资成本下降。加上固定资产折旧与投资税收抵免等因素的存在，也会降低使用者的资金成本。只要企业所得税税制变革的内容涉及 T_C、z 及 k 的组合，资本的使用成本就会发生变化。而且从上式可以看出，税法允许债务利息在税前扣除，还有固定资产折旧率的高低，都会影响资本成本，这也为下文债务税盾和非债务税盾的研究提供了一个侧面的理论支撑。

3.2　所得税因素对公司融资决策过程的影响

3.2.1　所得税对公司融资决策的一般分析

按照现代企业理论，公司从本质上讲是各利益相关者的一个契约集合体，各生产要素的所有者按照所签订的相关契约提供自己的生产要素给公司，并以此来分享公司相应的利益和权利，从而产生了不同的利益相关者对公司不同的索取权。根据 Jensen & Meckling （1976）[①] 的分析，债权人和股东以及经营者

---

① Jenson, M. C. and Meckling, W. H.. Theory of firm managerial behavior, agency costs and ownership structure. Journal of Financial Economics, October 1976 (3): 305-360.

和股东之间的利益关系在利益相关者之间的关系中是最主要的，公司的相关制度安排就是要解决他们之间的利益对立关系。由于公司的融资渠道主要是债务融资和股权融资，因此，债务资本和股权资本之间的对比关系，就决定了公司的融资结构。对于股东和债权人来讲，为了获取对公司未来剩余收益的索取权，现有股东需要向公司提供留存收益，新股东就要购买新股；债权人为取得未来期间的固定利息将现金的当前使用权让渡给公司。由于股东和债权人将资金的使用权让渡给公司，使其承担了一定的风险，因此，股东和债权人就是公司最主要的利益相关者。

美国的相关法律规定："公司的生命、权利和权力都有赖于政府。"公司从政府得到了一系列特权与好处，如公司的无限期限、股东的有限责任以及公司的所有权在股票市场上的流动性等，所以政府对企业征收所得税是合情合理的。政府的出现打破了公司原有的契约关系，它成为公司除股东和债权人外的又一个利益相关者，它以征收企业所得税的方式从公司价值这个"馅饼"上切去一块。这样，在产出不变的情况下，由于政府的征税就改变了原有利益相关者之间的利益关系，公司原有的利益均衡格局被打破。另外，政府在对股东和债权人征收个人所得税后，使他们的税后收益减少。股东和债权人为提高他们的税后收益就会对公司产生新的利益要求，如提高投资报酬率或利息率。于是，公司就有可能改变其融资决策，进而改变了公司原有的资本结构。

通过上面的分析，我们发现：由于公司各利益相关者对公司剩余收益索取权的大小以各自对公司投（借）入资本的多少为依据，而各利益相关者对公司投（借）入资本的比例简单地说就是公司的资本结构，因此，资本结构的本质属性是一种"利益索取权结构"。政府对公司征收所得税的意义不仅仅在于从公司获得物质利益，更重要的是它影响了公司原有的利益分配格局，进而影响到了公司及其利益相关者的经济行为选择，这种经济行为选择的变化将会影响到公司的融资决策及其资本结构。

3.2.2 所得税对公司融资决策的具体分析

公司的价值是其产生的未来现金流量的现值，其折现率是公司的加权平均资本成本，因此公司未来的现金流量及其加权平均资本成本是影响公司价值的主要因素。同时，公司价值 V_L 又是由其股权资本价值 S 和债务价值 D 组成的，即 $V_L=S+D$。由上面的分析可知，影响公司股权资本价值 S 和债务价值 D 的因素分别是股东的未来现金流量和股权资本成本以及债权人的未来现金流量和债务资本成本。如果把公司价值比作一张"馅饼"的话，在不征收公司所得税的情况下，公司的价值将被分解为两部分，股东未来现金流量的现值和债权人的未来现金流量的现值，分别体现为股东的索取权和债权人的索取权。因此，影响公司价值的最终因素是股东和债权人现金流量以及股权和债务资本成本。见图3-2：

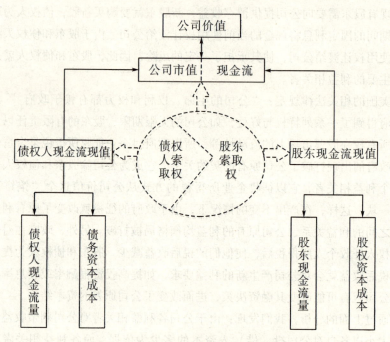

图 3-2　不考虑所得税因素的馅饼模型

在引入公司所得税后，对公司价值的索取权除了股东和债权人的索取权外，还有一个政府的税收索取权，这样就影响了公司未来的现金流量在股东和债权人之间的分配。这时，公司价值这张"馅饼"就被政府、股东和债权人分为三部分。另外，政府除征收公司所得税外，还会对股东、债权人的收入征收个人所得税，这样将导致他们的税后现金流量减少，从而引起投资者经济行为的变化。投资者为了得到与原来同样的报酬率，就会要求公司提高他们的投资报酬率，或者把资金投入到其他投资报酬率较高的项目，这样就提高了公司的资金成本或者使公司融通不到所需的资金，从而影响到公司的融资决策。图3-3反映了所得税对公司融资决策的影响机理，即所得税影响了股东和债权人从公司分配的剩余索取权，这种影响体现在现金流量和资本成本两个方面。其中，现金流量分别是债权人在公司所得税前取得以及股东在公司所得税后取得的公司剩余，而资本成本是股东和债权人可以接受的个人所得税后的投资报酬率。因此，所得税影响融资决策的研究及公司价值影响因素的研究都可以归纳为股东和债权人现金流量，以及股权和债务资本成本这四项。

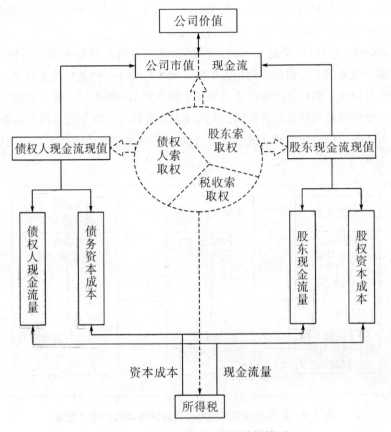

图 3-3　考虑所得税因素的馅饼模型

从图 3-3 可以看出，公司价值这块"馅饼"被分成政府税收索取权、债权人索取权和股东索取权三部分。但是把股东和债权人的索取权属于流通索取权，政府的索取权属于非流通索取权。假设用 V_T 表示公司总价值，V_M 表示流通索取权的价值，V_N 表示非流通索取权的价值，则有 $V_T = V_M + V_N$。在研究公司的融资结构时提到公司价值，一般只考虑公司的流通索取权，而不包括非流通索取权。因此在考虑所得税的情况下，公司最优资本结构就是使流通索取权的价值最大化的资本结构，也可以说是使非流通索取权价值最小化的资本结构。由于所得税、股权资本和债权资本分别代表政府、股东和债权人对公司未来现金流量的索取权，因此，从本质上讲，公司资本结构研究的是公司的未来经营现金流量在不同资本所有者之间的划分是否会影响公司价值，也就是所说的馅饼理论（Pie Theory）。

通过上面的分析，我们明确所得税面对的不仅仅是公司这个虚拟的法人，还包括公司中各利益相关者——股东和债权人。它不仅影响公司流通索取权的价值，还将进一步影响公司内部的利益关系。

2008年的所得税税制变革，主要在于统一了内外资企业的所得税税率，使大部分企业的法定税率都调整为25%，同时取消了一些地区优惠政策，加大了对农林牧渔、高科技产业的支持力度。而在资本市场中，税收法规的变革在运行过程中通过发挥其经济职能，从纳税人经济行为与财务决策两方面影响其资本市场的股价变化和现金流变化，进而对公司的融资结构产生相应的影响。见图3-4：

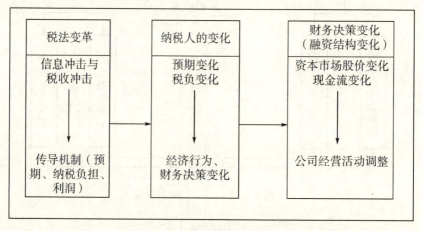

图3-4 税收法规变革影响公司经济活动的作用机理图

融资结构或资本结构，简单地说就是指债务资本与股权资本之间的比例关系。它既是公司过去融资的结果，也是影响公司未来融资的一个重要变量，同时对公司的经营管理也有着重要影响。根据现代企业理论，公司的所有权与经营权是相互分离的，公司日常的经营管理活动都是由经营者来完成的，所以，有必要深入地探讨股东、债权人和经营者三者之间的关系问题。

在现代公司制企业中，存在两种主要的委托代理关系：即股东和经营者之间的委托代理关系以及股东和债权人之间的委托代理关系。之所以存在股东和经营者之间的这种委托代理关系，是因为经营者不持有或很少持有公司的股份，如《福布斯》1986年对746个总裁进行薪酬调查，最后的结果是80%的公司总裁拥有其所在公司不足1.4%的公司股份。如果经营者完全持有公司股份，就不会存在所有权和经营权的分离，当然也就没有所谓的委托代理问题。

正是由于经营者持有很少的股份，他只能享受其努力工作为公司赚取的收益中的极小一部分，却要承担全部成本；反过来，当经营者在职消费时，他能够得到全部的好处却只负担了部分成本。这样就造成了经营者不努力工作，却努力追求在职消费，从而产生了道德风险问题。对于股东和债权人来说，当债权人把款项借给公司，他就有权要求公司到期按约定的利率还本付息。然而，股东（通过经营者）在取得借款后，有可能从事一些高风险的投资项目，这对债权人是极其不利的。因为项目成功后，债权人得到的收益是固定的，而股东将获取更大的收益；但是，如果该投资项目失败最终导致了公司破产，债权人却要承担相应的损失。即使公司处于破产清算状态，也同样存在着股东、债权人和经营者三者之间的利益分配与权力制衡问题，这是因为三者的要求权和要求顺序是不同的。

由此可见，无论公司在正常经营状态下还是处于破产清算状态，融资结构都对经营者、债权人和股东三者之间的关系和行为产生非常重要的影响，而公司治理所关注的主要内容就是这三者之间的关系问题，它的提出源于现代企业中所有权和经营权相分离所导致的代理问题。公司治理主要是指通过一系列规章、制度来规范公司的利益相关者（如董事会、经理层、股东、债权人）之间责、权、利的关系。公司治理结构的实质是在财产权的委托代理下，委托人对代理人进行监督和约束的一系列规章、制度，它通过对公司资本剩余索取权和控制权的分配来保证利益相关者的资金安全。对公司治理结构起重要作用的是股东和债权人等利益相关者向公司投入了多少资本，而投入资本的比例关系也就是公司的融资结构。由于利益相关者是依据投入资本比例的高低对公司的剩余进行分配，因此融资结构是决定公司治理结构的关键。从上面的分析可以看出，公司治理结构是融资结构的体现和反映，融资结构的选择在很大程度上决定了公司治理效率的高低。另外，公司治理的主要目的就是保护投资者（包括股东尤其是中小股东，在广义上也包括债权人）利益，一个良好的公司治理结构应该为股东和债权人的利益提供有效的保护，使他们可以获取相应的投资回报，投资者只有在确信自己的利益能够受到保护之后才会向一个公司投资。这样就会导致公司治理健全的公司能够以相对较低的成本筹集到较多的资金，进而能够以较快的速度进行发展；而公司治理不健全的公司在筹集资金就会遇到困难，同时筹资成本也相对较高，使公司的发展处于不利地位。也就是说，公司治理健全与否会对公司融资结构产生反作用。因此，公司在进行融资结构决策时，还要充分考虑融资结构和公司治理相互作用给公司融资结构决策带来的影响。

综上所述，在研究所得税因素对公司融资决策的影响时，是不能忽视所得税经由融资结构对公司治理结构安排所产生的影响，以及公司治理对融资结构调整的反馈作用。因此，所得税因素对公司融资决策的影响过程为：所得税变革带来税收负担的变化→所得税改变利益相关者的既得利益→改变其利益诉求→影响公司价值→改变公司融资结构→新的公司治理结构产生→公司融资结构决策调整。如图3-5所示：

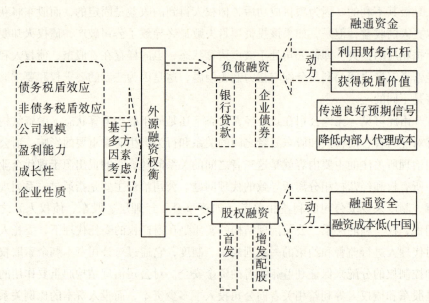

图 3-5　各因素对公司融资决策的影响分析图

3.3　资本成本视角下所得税对公司融资决策的影响分析

如前面两章所述，税收对融资结构决策影响的最根本原因在于税收的非中性。税法允许公司将支付给债权人的利息费用在税前予以扣除，而将支付给股东的股利作为一种利润分配，只能在税后进行。也就是说，股东和债权人在所得税法面前的待遇是不一样的，这就导致了债权融资和股权融资的成本差异。

传统 MM 定理认为，在征收公司所得税的情况下，公司价值与公司债务价值成正比，等于全权益公司的价值加上债务融资所带来的"节税"（Tax Saving）价值。即：

$$V_L = V_U + T_C D \tag{3-6}$$

其中，V_L 为有财务杠杆的公司价值，V_U 为无财务杠杆的公司价值，D 为公司债务的市场价值，T_C 为公司所得税税率。

根据 MM 定理的结论，权益资本的必要报酬率应等于权益公司的必要报酬率加上与其财务风险相对应的风险溢价。用数学公式可以表示为：

$$rs = ro + (ro - r_D)\frac{D}{S} \tag{3-7}$$

其中 r_s 为权益资本的必要报酬率；r_0 为全权益公司的资本必要报酬率；r_D 为债务资本的必要报酬率；S 为对外发行股份的市场价值。

关于融资结构决策的税收效应分析，Modigliani 和 Miller（1963）曾经尝试讨论了公司所得税对债务融资的影响。他们认为："相比之下，如果我们的模型考虑到债务融资对股票价值的影响，那么我们应更倾向于债务融资"。因此，本书认为，如果资本成本的唯一差别是由税收引起的，其影响量应等于因支付利息所少缴纳的税。由此根据 MM 理论，得出了一个考虑了公司所得税后公司资本成本的改进模型公式：

$$rs = r_o^T + (r_{WACC}^T - r_D) \times \frac{D}{S} \tag{3-8}$$

其中

$$r_o^T = \frac{EBIT(1 - T_C)}{V_U}$$

$$r_{WACC}^T = \frac{(EBIT - r_D D)(1 - T_C) + r_D D}{V_L}$$

T_C 为公司所得税税率。

针对公司所得税对资本成本的影响，在征收公司所得税的情况下，公司权益资本的必要报酬率等于无财务杠杆公司权益资本的必要报酬率，加上财务风险溢价。具体数学表达式为：

$$rs = ro + (ro - rD) \times (1 - T_C) \times \frac{D}{S} \tag{3-9}$$

其中，r_s 为权益资本的必要报酬率。

同样的，我们可以现代资本资产定价理论——CAPM 为基础，探讨公司所得税对融资结构选择的影响。

根据 MM 定理与所得税效应，有：

$$V_L = V_U + T_C D = S + D \tag{3-10}$$

上式左边组合的 β 系数为：

$$\frac{V_U}{V_U + T_C D} \times \beta_o + \frac{T_C D}{V_U + T_C D} \times \beta_D = \frac{V_U}{V_L} \times \beta_o + \frac{T_C D}{V_L} \times \beta_B$$

右边组合的 β 系数为：

$$\frac{S}{S+D} \times \beta_S + \frac{B}{S+D} \times \beta_D = \frac{S}{V_L} \times \beta_S + \frac{D}{V_L} \times \beta_D$$

两边的 β 系数必须相等，即

$$\frac{V_U}{V_L} \times \beta_o + \frac{T_C D}{V_L} \times \beta_D = \frac{S}{V_L} \times \beta_S + \frac{D}{V_L} \times \beta_D$$

利用公式 $V_U = S + (1 - T_c) \times D$，经整理得到：

$$\beta_S = \beta_o + (\beta_o - \beta_D) \times (1 - T_C) \times \frac{D}{S} \tag{3-11}$$

如果令 $\beta_D = 0$，则有简化的关系式

$$\beta_S = [1 + \frac{(1 - T_C) \times D}{S}] \times \beta_o \tag{3-12}$$

将式（3-4）和式（3-5）分别代入 CAPM 模型：

$$rs = rf + \beta S(rm - rf)$$

并利用 $r_D = rf + \beta_D(rm - rf)$ 和 $ro = rf + \beta o(rm - rf)$，可以分别得到：

$$rs = ro + (ro - rD) \times (1 - T_c) \times \frac{D}{S} \tag{3-13}$$

$$rs = ro + (ro - r_f) \times (1 - T_c) \times \frac{D}{S} \tag{3-14}$$

由于

$$\frac{dr_s}{d(\frac{D}{S})} = (ro - r_D) \times (1 - T_c) = (ro - r_D) - (ro - r_D) \times T_c \tag{3-15}$$

即公司的负债权益比每提高一个百分点，公司的财务风险提高 $(ro - r_D) \times (1 - T_c)$ 个百分点。其中一部分是无税时债务融资的风险补偿 $ro - r_D$，另一部分则是政府对债务利息税收优惠所带来的风险降低 $-(ro - r_D) \times T_c$。

由公式（3-6）可以推导出税收影响公司加权平均资本成本的关系式，即：在征收公司所得税的情况下，公司的加权平均资本成本与负债价值比成负相关，此时，公司的加权平均资本成本为：

$$r_{WACC} = \frac{S}{S+D} \times r_s + \frac{D}{S+D} \times r_D \times (1 - T_C) \tag{3-16}$$

将公式（3-9）代入公式（3-16），得到

$$r_{WACC} = \frac{S}{S+D} \times \left[ro + (ro - r_D) \times (1 - T_C) \times \frac{D}{S} \right] + \frac{D}{S+D} \times r_D \times (1 - T_C)$$

$$= \frac{S}{S+D} \times ro + \frac{D}{S+D} \times (1 - T_C) \times ro$$

$$= ro \left[1 - \frac{D}{S+D} \times T_C \right] \tag{3-17}$$

由于

$$\frac{dr_{WACC}}{d\left(\frac{D}{S}\right)} = -\frac{ro}{\left(1 + \frac{D}{S}\right)^2} \times T_C < 0$$

$$\frac{d^2_{r_{WACC}}}{d\left(\frac{D}{S}\right)^2} = \frac{2ro}{\left(1 + \frac{D}{S}\right)^3} \times T_C > 0$$

所以，在考虑公司所得税的情况下，公司的加权平均资本成本是负债权益比的单调递减的凸函数。即随着债务融资比例的提高，公司的加权平均资本成本逐渐降低，但降低速度趋缓。

应该注意的是，上述定理结论的成立要满足一个假设，尽管该假设在定理中并没有明确指出，那就是假设企业的利息在税前有足够的抵扣能力。即不管企业负债规模多大，企业都有足够的息税前利润用于抵扣企业的债务利息。但是，在现实中，这一假设不一定得到满足，如果企业盈利水平不高，甚至亏损，那么债务利息只能得到部分的抵扣，甚至不能得到任何抵扣，这时就产生不了任何税收利益。因此，定理的结论在一定程度上夸大了债务融资所带来的税收利益，事实上，税收对企业债务融资的激励效应应该比所得税对资本成本的影响定理推断的要低。

从上面的推导，我们可以发现，在征收公司所得税的情况下，公司的价值随债务融资比例的提高而增加。公司的权益资本成本虽然随债务融资比例的提高而提高，但提高的速度由于被债务融资所带来的节税效应部分抵消而有所减缓，公司总资本成本则随债务融资比例的提高而降低。但是由于需要考虑财务风险、代理成本等相关问题，公司的最优融资结构并不可能是100%。

当同时征收公司所得税和个人所得税时，有财务杠杆公司的权益资本成本等于无财务杠杆公司的权益资本成本，加上经公司所得税和个人所得税调整后的财务风险溢价。具体公式为：

$$r_s = r_o + \frac{D}{S} \times \frac{(1 - T_C) \times (1 - T_S)}{1 - T_D} \times (ro - r_D) \tag{3-18}$$

因为有财务杠杆公司的价值 V_L 等于无财务杠杆公司的价值 V_U，加上债务融资节税的价值 $\left[1 - \dfrac{(1-T_C) \times (1-T_S)}{1-T_D}\right] \times D$，即：

$$V_U + \left[1 - \frac{(1-T_C) \times (1-T_S)}{1-T_D}\right] \times D = S + D \tag{3-19}$$

等式（3-18）左边的组合 β 系数为：

$$\frac{V_U}{V_U + \left[1 - \frac{(1-T_C)\times(1-T_S)}{1-T_D}\right]\times D} \times \beta_o + \frac{\left[1 - \frac{(1-T_C)\times(1-T_S)}{1-T_D}\right]\times D}{V_U + \left[1 - \frac{(1-T_C)\times(1-T_S)}{1-T_D}\right]\times D} \times \beta_B$$

等式（3-18）右边的组合 β 系数为：

$$\frac{S}{S+D} \times \beta_S + \frac{B}{S+D} \times \beta_D = \frac{S}{V_L} \times \beta_S + \frac{D}{V_L} \times \beta_D$$

两边的 β 系数必然相等，即：

$$\frac{V_U}{V_U + \left[1 - \frac{(1-T_C)\times(1-T_S)}{1-T_D}\right]\times D} \times \beta_o + \frac{\left[1 - \frac{(1-T_C)\times(1-T_S)}{1-T_D}\right]\times D}{V_U + \left[1 - \frac{(1-T_C)\times(1-T_S)}{1-T_D}\right]\times D} \times \beta_D$$

$$= \frac{S}{V_L} \times \beta_S + \frac{D}{V_L} \times \beta_D$$

由于 $V_L = V_U + \left[1 - \dfrac{(1-T_C) \times (1-T_S)}{1-T_D}\right] \times D$，两边的分母可同时消去，即可得到：

$$V_U \times \beta_o + \left[1 - \frac{(1-T_C) \times (1-T_S)}{1-T_D}\right] \times D \times \beta_o = S \times \beta_S + D \times \beta_D \tag{3-20}$$

利用 $V_U = S + \dfrac{(1-T_C) \times (1-T_S)}{(1-T_D)} \times D$，式（3-22）可化为

$$\beta_S = \beta_o + \frac{(1-T_C)(1-T_S)}{(1-T_D)} \times \frac{D}{S} \times (\beta_o - \beta_S) \tag{3-21}$$

根据 CAPM，可以得到：

$$r_s = r_o + \frac{D}{S} \times \frac{(1-T_C) \times (1-T_S)}{1-T_D} \times (ro - r_D)$$

对上式求导数，可以得到：

$$\frac{dr_s}{d(\frac{D}{S})} = (ro - r_D) \times \frac{(1 - T_C)(1 - T_S)}{(1 - T_D)} \qquad (3\text{-}22)$$

即公司的负债—权益比每提高一个百分点，公司的权益资本成本增加$(ro - r_D) \times \frac{(1 - T_C)(1 - T_S)}{(1 - T_D)}$个百分点。

对于上述公式，可以分三种情况讨论：

（1）当$T_S = T_D$时，$r_s = r_o + (ro - r_D) \times (1 - T_C) \times \frac{D}{S}$。这时，个人所得税对公司的权益资本成本没有额外影响。也就是说，如果股利的个人所得税率与利息的个人所得税率一样，个人所得税对公司的资本成本并不产生额外影响。

（2）当$T_S < T_D$时，由于对债务资本的利息收入比对权益资本的股利收入以较高的税率征收个人所得税，公司财务杠杆所带来的财务风险溢价因个人所得税而提高，因此，公司的权益资本成本得到提高。极端地，如果$(1 - T_D) = (1 - T_C) \times (1 - T_S)$，则债务利息在公司所得税层面的税收优势完全被个人所得税层面上债务利息的劣势所抵消，这时，$r_s = r_o + (ro - r_D) \times (1 - T_C) \times \frac{D}{S}$。与 MM 定理的结论一样，即融资结构与公司总资本成本无关。

（3）当$T_S > T_D$，由于对债务资本的利息收入比对权益资本的股利收入以较低的税率征收个人所得税，公司运用财务杠杆所带来的财务风险溢价被个人所得税部分抵消，公司权益资本成本提高的幅度较小。

3.4　现金流视角下所得税对公司融资决策的影响分析

第二章已经谈及 MM 定理结论显然与现实经济情况不符。为了解释理论与现实之间的反差，一些西方学者（Baxter，1967；Baron，1974）从债务融资的负面影响—破产成本的角度研究企业融资结构决策，并由此引出了公司最优融资结构是债务融资带来的税收利益与由此带来的破产成本的权衡（Robichek 和 Myers，1966；Scott，1977，1979）。但一些财务经济学家对此解释并不满意。他们认为，这种解释只是为了弥合理论与现实之间"缺口"的一种勉强之举。因为，按照破产成本理论，可以引申得出股东系统性偏好权益资本的结论。这样，如果政府不征收公司所得税，那么最优融资结构就是 100%权益资本融资，而 1913 年以前美国政府并没有开征公司所得税，但也没有出现 100%权益融资的局面，1913 年美国政府开征公司所得税之后，也没有发现公司普遍提高负债水平的情况。

如果最优融资结构只是简单地比较破产成本、代理成本和节税价值，那么，当美国联邦税率从 20 世纪 20 年代的 10%～11%，提高到 50 年代的 52%时，为什么绝大多数企业的融资结构却变化不大呢？破产成本和代理成本显然无法回答这个问题。因此，债务融资带来的税收利益一定比普遍常理所设想的还要小得多，而其答案在于个人所得税对融资结构的影响。

实际上，由于政府普遍征收个人所得税，致使公司支付给债权人的利息和股东的股利并不等于债权人和股东所分别获得的，他们之间被插进了一个税收"楔子"。从公司的两种资本供给者——债权人和股东看，他们所关心的是他们的税后净收益，债权人从公司获得的利息收入和股东从公司获得的股利收入都必须缴纳个人所得税，如果利息的个人所得税税率与股利所得税税率不同，那么，股东对权益资本的评价和债权人对债务资本的评价之间的相对价值就会发生变化，个人所得税最终会影响公司的融资结构决策。因此，实际上是税收差异对公司财务政策产生非中性的影响。那些研究税收差异对融资结构影响的学者，通常被称为"税差学派"。从严格意义上说，它实际上并不是一个学术流派，而是许多学者关于税收差异对融资结构所引起的影响的各种观点和看法，这些观点和看法既有共同一致之处，也存在差异和分歧。

在 Miller（1977）模型中，也谈及了公司所得税和个人所得税对公司价值综合影响，即当同时考虑公司所得税和个人所得税时，有财务杠杆的公司的价值为：

$$V_L = V_U + \left[1 - \frac{(1 - T_C) \times (1 - T_S)}{1 - T_D} \right] \times D \tag{3-23}$$

其中：T_S 为股东股利征收的个人所得税税率，T_D 为债权人利息收入的个人所得税税率。

那么，当同时征收公司所得税和个人所得税时，股东每年获得的现金流等于：

$$(EBIT - r_D D) \times (1 - T_C) \times (1 - T_S) \tag{3-24}$$

债权人获得的现金流为：

$$rDD \times (1 - T_D) \tag{3-25}$$

公司每年产生的总现金流为：

$$(EBIT - r_D D) \times (1 - T_C) \times (1 - T_S) + r_D D \times (1 - T_D)$$

$$= EBIT \times (1 - T_C) \times (1 - T_S) + r_D D \times (1 - T_D) \times \left[1 - \frac{(1 - T_C) \times (1 - T_S)}{1 - T_D'} \right]$$

其中第一项是无财务杠杆公司的公司所得税和个人所得税后的现金流，该现金流的折现值就是无财务杠杆的公司的价值 V_U；债权人购买债权在支付个人所得税后获得的现金流为 $r_D D \times (1 - T_D)$，因此，第二项的折现值等于 $r_D D \times (1 - T_D) \times \left[1 - \dfrac{(1 - T_C) \times (1 - T_S)}{1 - T_D} \right]$。

所以有

$$V_L = V_U + \left[1 - \frac{(1 - T_C) \times (1 - T_S)}{1 - T_D} \right] \times D \tag{3-26}$$

对公式（3-18）求导数，有

$$\frac{dV_L}{dD} = 1 - \frac{(1 - T_C) \times (1 - T_S)}{1 - T_D} \tag{3-27}$$

对于公式（3-27），可以分几种情况讨论：

（1）当 $T_S = T_D$ 时，$\dfrac{dV_L}{dD} = T_C$，公式（3-23）可以简化为 $VL = V_U + T_c D$。即当股利所得税率与利息所得税率相等时，个人所得税的征收不会对公司的融资结构产生额外影响。此时，个人所得税对股东和债权人是中性的。

（2）当 $T_S < T_D$ 时，债务融资在公司所得税层面上所带来的节税利益被个人所得税层面上的债权人税收劣势部分抵消，因此，债务融资所带来的税收利益被缩小。极端的，如果 $(1 - T_C) \times (1 - T_S) = (1 - T_D)$，则财务杠杆不会带来任何税收上的利益，此时，资本结构与公司价值无关。

（3）当 $T_S > T_D$ 时，债务融资在公司所得税层面上所带来的税收利益，在个人所得税层面上被进一步放大，因此，债务融资所带来的税收利益比单纯征收公司所得税更大。

假设企业无债务的权益资本成本是 r_o^T，企业所得税法定执行税率是 T_C，企业每年的预期息税前利润是 EBIT，税后的收益均用于股利分配，其中股东股利征收的个人所得税税率是 T_S，债权人利息收入的个人所得税税率是 T_D。假如目前企业有两种融资结构可供选择：一个是企业融资结构中没有债务，另一个是企业通过负债融资 D，债务融资利率是 r。对于第一种方案，个人税后股东和债权人的现金流量是 $EBIT \times (1 - T_C) \times (1 - T_S)$。对于第二种方案，相应的现金流量是：$(EBIT - D \times r) \times (1 - T_C) \times (1 - T_S) + D \times r \times (1 - T_D)$，即：

$EBIT \times (1 - T_C) \times (1 - T_S) - D \times r \times (1 - T_C) \times (1 - T_S) + D \times r \times (1 - T_D)$。

可进一步转化为：$EBIT \times (1 - T_C) \times (1 - T_S) - D \times r \times [(1 - T_C) \times (1 - T_S) - (1 - T_D)]$

假定其他条件不变，则得出以下结论：

①假如 $(1 - T_C) \times (1 - T_S) > (1 - T_D)$，负债融资会损害股东利益，进而降低公司价值；

②假如 $(1 - T_C) \times (1 - T_S) = (1 - T_D)$，公司融资结构的选择不会影响公司价值；

③假如 $(1 - T_C) \times (1 - T_S) < (1 - T_D)$，负债融资由于存在债务税盾，从而带来节税收益，增加公司价值。

根据我国现行税法，债权人债券利息收入的个人所得税税率（T_D）为20%，股东的股息、红利收入的个人所得税税率（T_S）也为20%，但按其收入的50%计征，故实际使用的税率是10%，此时需要权衡 $(1 - T_C) \times (1 - T_S)$ 与 $(1 - T_D)$ 的大小比较。

2008年"两税合一"的所得税变革前法定执行名义税率是33%，税制变革后改为25%。所得税税改前，$(1 - T_C) \times (1 - T_S) = 0.603$；税改后，$(1 - T_C) \times (1 - T_S) = 0.675$。而 $(1 - T_D) = 0.8$。显而易见，此种情况下，税改后 $(1 - T_C) \times (1 - T_S)$ 仍小于 $(1 - T_D)$，债务税盾是存在的，公司仍应考虑负债融资。进一步讲，刚才假设税率发生变化的是法定执行税率，不同企业的真实税负水平有其他计量标准和方法（无论是实际税率还是边际税率），但税率的变动会通过税盾效应影响至公司加权平均资金成本，使得企业在权衡财务风险成本和税盾节税收益的背景下确定债务融资决策，最终确定负债规模和资本结构。

根据上述有关公司所得税和个人所得税对融资结构决策影响的研究结论，我们可以发现，实际上，税收对公司融资结构之所以会产生影响，关键的一点在于政府对债权人和股东征收了不同的税收，即在公司层面上，股利必须首先支付公司所得税之后才予以支付，而利息则在公司所得税前支付；在个人层面上，股利所得税与利息所得税可能不一样。总之，融资结构决策的税收效应源于政府对不同收入项目征收不同的税收。如果税收是中性的，那么，政府征税并不会对企业财务决策产生额外效应。因此，各国政府从提高市场对资源配置的效率，减少政府对市场资源配置的扭曲出发，都应把税收中性作为税制改革的一条重要原则。

3.5 本章小结

本章内容主要包含以下几个方面：

（1）所得税税制与税收公平

本章首先阐述了西方税收公平的思想、税收公平的内涵以及实现税收公平的相关理论支撑。然后对本次所得税税制改革可能产生的影响进行了分析，如降低法定执行税率，扩大税基，会减少所得税对经济政策的扭曲效应，从而实现企业的税负公平。

（2）所得税因素对公司融资决策的影响过程

引入所得税以后，所得税对融资结构和公司治理的影响表现为：在公司剩余既定的情况下，课税改变了利益相关者的既得利益，同时可能存在的差别税收待遇导致利益相关者税后可支配收入不同。由于利益的改变产生了新的利益诉求，从而改变了公司原有的契约关系，引起公司融资结构和治理结构的相应变动，而公司治理情况又对公司融资结构调整起到反馈作用。其运行过程为：所得税变革带来税收负担的变化→所得税改变利益相关者的既得利益→改变其利益诉求→影响公司价值→改变公司融资结构→新的公司治理结构产生→公司融资结构决策调整。

（3）所得税对公司融资决策的影响分析

税收对公司融资决策之所以会产生影响，关键的一点在于政府对债权人和股东征收了不同的税收，即在公司层面上，利息则在公司所得税前支付，可以起到税盾价值效应；而股利必须首先支付公司所得税之后才予以支付。另外，在个人层面上，股利所得税与利息所得税可能不一样。总之，融资结构决策的税收效应源于政府对不同收入项目征收不同的税收。本章分别从资本成本视角和现金流视角分析了所得税对公司融资决策的影响。通过分析可以看出，所得税起着鼓励公司进行债务融资的作用，公司所得税、个人所得税、资金成本分别影响着公司融资结构的决策，这与我国特有的税收制度背景是有一定关联的。

2008 年"两税合一"的所得税变革前法定执行名义税率是 33%，税制变革后改为 25%。根据 $(1 - T_C) \times (1 - T_S)$ 与 $(1 - T_D)$ 的比较，可以看出，所得税税改前，$(1 - T_C) \times (1 - T_S) = 0.603$；税改后，$(1 - T_C) \times (1 - T_S) = 0.675$；而 $(1 - T_D) = 0.8$。显而易见，此种情况下，税改前后 $(1 - T_C) \times (1 - T_S)$ 均小于 $(1 - T_D)$，债务税盾是存在的，公司仍应考虑负债融资。

4 上市公司所得税实际税率及其影响因素分析

从 2008 年 1 月 1 日起，我国开始实行新企业所得税法，新税法将大部分企业的法定税率由 33% 调减至 25%，其意图在于降低企业所得税负担，促进税负公平，为企业创造一个公平公正的竞争环境。那么如何考察企业实际所得税负担的变化及其影响呢？

4.1 税负计量的分类

Graham（1998）认为，税收对公司资本结构有实质性的影响，但由于税法的复杂性和未来盈余的不确定性，准确衡量税盾激励是较为困难的；税收的因素之所以观测不到，主要是因为税法的复杂性和税收负担与融资之间的内生性[①]。基于现有文献，国外研究在理论上不统一，在实证上有难以度量和观测的难题；而关于中国债务税盾与债务融资关系问题的研究，其结论也分歧较大，难以统一。造成这种状况的原因主要是，在税负水平的衡量上，没有找到科学合理的代理变量。为了消弭资本结构理论的相关分歧，需要加强实证研究，而实证研究的难题和关键在于选择基于节税动机的所得税税负水平的代理变量。

企业所得税负担是指纳税人依据税法规定在一定时期内向国家缴纳的税额与缴纳后剩余收益或相关指标的比值，是微观税负的一种主要形式。尽管名义税率已经在相当程度上反映了企业所得税负担，但是由于执行过程中存在各种

---

① Graham, J. R., M. Lemmon, J. Schallneim. Debt, Lease, Taxes and the Endogeneity of Corporate Tax Status [J]. Journal of Finance, 1998, Vol. 53, 131-162.

税收优惠、企业的避税行为等，使名义税率往往难以真实反映企业的所得税负担程度。

在利息率等其他因素既定的情况下，若公司的税负水平越高，则税盾效应越大，公司通过增加负债融资来获得税盾利益的动机也就越强。要在经验层面上度量和检验税收对债务融资的影响，需要找到合适的代表负债融资水平、税负水平和税盾利益的相关代理变量。其中，负债水平的代理变量容易找到，而基于负债的节税动机的所得税税负水平的代理变量的选择就成了问题的关键。在现有文献中，衡量公司所得税负担水平的指标，有法定税率（State Tax Rate，STR）、实际税率（Effective Tax Rate，ETR）、边际税率（Marginal Tax Rate，MTR）等。后两者是衡量企业税负状况的主要指标。

4.1.1 法定税率（STR）

法定税率是国家税法规定的税率。法定税率衡量了企业理论上应负担的税负水平。一般情况下，从横截面上看，属于同类税目的企业的法定税率是相同的，看不出相互之间因税收与债务融资之间变化关系的差别；从时间序列上看，在中国，近年来，除了 2002 年和 2008 年的税制改革外，法定税率通常较为固定，无法观察到债务融资与法定税率之间的变化关系。从个别企业来看，用法定税率来衡量税负水平并不准确。

4.1.2 实际税率（ETR）

实际税率（在有些文献中又被称为有效税率），是实际缴纳的所得税额与应税所得额的比率。实际税率也是容易直观性地联想到的衡量税收负担的指标，但当公司亏损或利润为 0 时，公司的实际税率为 0，只有当公司盈利时，公司的实际税率才为正，它不是正态分布。用非盈利情况下的实际税率来衡量税收负担是没有意义的。此外，由于亏损额可以往后结转，在有些情况下模糊了实际税率与负债之间的关系，容易得到错误的结论。例如，有时候，虽然当前实际缴纳了高额的所得税，当年的实际税率可能很高，但企业如已预期到未来可能会出现亏损，亏损年度不需要缴税，公司举债以节税的动机很弱，此时容易得出实际税率与债务融资负相关的错误结论。有时候，当年盈利，但以前年度出现了巨额亏损，根据《中华人民共和国企业所得税法》第十八条之规定："企业纳税年度发生的亏损，准予向以后年度结转，用以后年度的所得弥补，但结转年限最长不得超过五年"。如果当年的盈利完全被以前年度尚未弥补的亏损所抵消，当年就不需要缴税，此时的实际税率为 0；但如果当年利润继续增加且超过以前年度尚未弥补的亏损额，那么就要按相对较高的法定税率来缴纳所得税，此时实际税率依然很低，但边际税率就很高。如果预期未来持续盈利，则公司将有较强的动机举债以节税，此时如果用实际税率来衡量，将得出实际税率低，负债增加，实际税率与债务负相关的错误结论。

4.1.3 边际税率（MTR）

边际税率是公司在目前的应税所得基础上，赚取额外的1元应税所得所适用的税率。融资前边际税率越高，公司越有动机通过负债获得税盾利益，因为此时负债越多，获得的税盾利益越大，给公司创造的价值越多。融资前边际税率越高，债务融资的动机越强，因此预期这一变量与负债融资正相关。

边际税率借鉴了经济学中边际分析的思想，这是一个动态化的代理变量，它可以将应税所得的波动、亏损的结转等因素考虑在内，能发现税负与债务之间的动态变动关系。边际税率能克服法定税率的凝固性问题，克服实际税率与负债融资之间的内生性问题，便于面向未来进行融资决策，是一个更合理的代理变量。目前，国外在这一领域的研究成果中，最有代表性的是 Graham 的研究。他发展了一种计算边际税率的新方法，解决了税率与负债之间的内生性问题，考虑到了净营运损失的向前结转和向后递延问题，探测到了债务融资与边际税率之间的真实联系，得到了优于其他指标的研究结果。已有的国外研究文献证实，边际税率优于法定税率和实际平均税率，是迄今为止用于衡量融资中的节税动机的更好的指标。但是，由于我国企业所得税采用的是比例税率，因此，边际税率与实际税率相比较哪一个更适合做所得税税负的代理变量，还需要进一步的检验。

4.2 研究假设

尽管实际税率的研究已经取得了很多成果，但无论是国外还是国内，关于税率外生变化和实际税率关系的研究还是比较少，因为税率由国家税法规定，稳定性很强，很难有机会对此问题做进一步的深入研究。我国新企业所得税法的实施降低了企业的法定税率，为此提供了一个难得的研究契机。

因此，我们以2008年新企业所得税法的实施为背景，研究在所得税法定税率降低、优惠政策改变之后，上市公司实际所得税率的总体变化情况，在此基础上，对产业、区域间的实际税收负担做了进一步的分析。

新税法降低了企业的法定税率，那么上市公司的实际税率应该相应降低。虽然实际税率一般是低于法定税率，即上市公司实际税负低于其法定税负。但由于新企业所得税法在降低企业法定税率的同时，也取消了原有的许多行业和地区的税收优惠政策，因此上市公司的实际税率（ETR）可能提高，也可能两相抵消保持原有税负水平，也有可能随着法定税率的降低而降低。那么，新税法究竟给上市公司的整体实际税负带来何种影响？据此提出假设4-1。

假设4-1：2008年企业所得税法定税率降低后，上市公司整体的实际税率（ETR）相应降低。

经过分析上市公司年度报告中所披露的公司适用的所得税率（下文称"法定执行税率"），我们发现，相对于2008年后执行25%的法定税率，并非所有上市公司的法定执行税率都降低了。从上市公司数据来看，2007年到2008年，部分上市公司法定执行税率降低了，部分提高了，部分则未发生改变。

Wilkie（1988）将ETR定义为公司所得税费用（T）与税前会计利润（I）的比率，而T定义为应税所得（TI）与名义税率（t）的乘积：$T_i = TI_i \times t$，故而得到：$ERT_i = \dfrac{T_i}{I_i}$。随后如果引入会计与税收的差异（ΔD），即税前会计利润与应税所得之间的差异：$\Delta D_i = I_i - TI_i$，移项得：$TI_i = I_i - \Delta D_i$。将其代入$ERT_i = \dfrac{T_i}{I_i}$，得到：$ERT_i = \dfrac{T_i}{I_i} = \dfrac{TI_i \times t}{I_i} = \dfrac{(I_i - \Delta D_i) \times t}{I_i} = t - \dfrac{\Delta D_i}{I_i} \times t$。

根据上述推导可以直观地判断出，公司实际税率与公司法定执行税率在公式上存在正相关的逻辑关系。这隐含一层含义：法定执行税率降低的上市公司，其在新企业所得税法实施前，基本上没有享受到税收优惠政策，新企业所得税法的实施，则有效降低了它们的实际税率；而法定执行税率提高的上市公司，由于在新税法实施前享受了一些税率优惠政策，实施后不再享受这些税率优惠，实际税负会有所提高；法定执行税率不变的上市公司，在新税法实施前后均享受了优惠税率，实际税负应该没有显著变化。故此提出假设4-2。

假设4-2a：法定执行税率降低的上市公司，实际税率（ETR）降低；

假设4-2b：法定执行税率提高的上市公司，实际税率（ETR）提高；

假设4-2c：法定执行税率不变的上市公司，实际税率（ETR）也不变。

同时，上述推导公式反映出实际税率与法定执行税率偏离的根本原因。在会计准则与税收法规不存在任何差异的情况下（包括暂时性差异和永久性差异），即$\Delta D = 0$时，公司实际税率也等于公司的法定执行税率；当会计准则与税收法规存在差异时，实际税率将不再等于法定执行税率。

新税法的实施意在促进国内企业所得税的税负公平，如前段文字所假设，法定执行税率降低的上市公司在新税法实施前基本上都适用法定税率，而法定执行税率不变和提高的上市公司在新税法实施前则普遍享有一些优惠政策（包括执行税率的优惠），法定执行税率降低的上市公司与法定执行税率提高和不变的上市公司的实际税负在新税法实施前应该有明显差异；新税法降低了法定税率，取消了部分行业和地区的税收优惠，因此，按照新企业所得税法的初衷，上市公司的实际税负差异应该缩小，或不再有税负上的差异。因此提出假设4-3。

假设4-3：实施新企业所得税法前（2007年），法定执行税率降低的上市公司与法定执行税率提高和不变的上市公司实际税率（ETR）有差异；实施新企业所得税法后（2008年），法定执行税率降低的上市公司与法定执行税率提高和不变的上市公司实际税率（ETR）的差异会减小。

对法定执行税率的详细分析发现，不同行业和不同地区的法定执行税率降低和提高的幅度也不相同，有的地区优惠政策被取消，有的行业优惠政策仍保留，按照人大的立法意图，加上借鉴国际上的成功经验，新税法按照"简税制、宽税基、低税率、严征管"的要求，对税收优惠政策进行适当调整，将企业所得税以区域优惠为主的格局，转为以产业优惠为主、区域优惠为辅、兼顾社会进步的新的税收优惠格局。同时，为鼓励某些行业的发展，又产生了新的税收优惠政策。为发展高新技术等以产业优惠为主的税收优惠政策将得以保留和扩大，尤其是对西部地区需要国家鼓励类的产业继续实行所得税优惠政策，将有利于推动西部地区加快经济发展，逐步缩小东、中、西部地区差距。同时，对于在五个经济特区和上海浦东新区等执行特殊政策的地区设立的高新技术企业继续实行优惠税率。据此提出假设4-4。

假设4-4a：税改后，实际税率（ETR）存在行业间差异，国家需要重点扶持的高新技术类产业的实际税负小于其他行业。

假设4-4b：税改后，西部和特区企业的实际税负相较于东部和中部企业将相应较低。

4.3 基本模型和变量定义

4.3.1 实际税率表述指标选择

从经济学的角度出发，实际税率（ETR）可以定义为所负担的所得税费用与税前经济收益的比值，关键的问题在于如何利用公开可获得的上市公司数据来计算公司的实际税率，到目前为止，对实际税率的计算已形成多种不同的计算方法。总的来说，各种计算方法就是在基本公式（ETR＝所得税费用/税前利润）的基础上对分子分母加以调整。在较为宏观的研究中，对不同的实际税率计算方法进行的检验基本上得到了一致的结论。由于会计准则与税法规定的不同而产生的纳税差异是实际税率（ETR）偏离法定税率的主要原因之一，所以本书采用递延所得税费用对分子分母加以调整的公式来计算实际税率。

$$实际税率(ETR) = \frac{所得税费用-递延所得税负债+递延所得税资产}{税前利润-(递延所得税负债-递延所得税资产)/法定税率}$$

$$(4-1)$$

4.3.2 模型与变量

首先对上市公司 2007 年（税改前）、2008 年（税改后）实际税率均值进行 t 检验和符号秩检验，以检验新税法实施前后，上市公司实际税率（ETR）是否发生显著的变化；其次，对 2007 年（税改前）、2008 年（税改后）不同类上市公司之间的实际税率差异用方差 ANOVA 参数检验和 K-W 非参数检验，以判别新税法实施后，年度内不同类上市公司实际税率是否存在显著差异。在采用 t 检验、秩检验等研究方法的同时，根据上述假设，本书提出以下模型：

模型 4-1：

$$ETR = \alpha_0 + \alpha_1 STR + \alpha_2 YEAR + \alpha_3 SIZE + \alpha_4 INVINT + \alpha_5 CAPINT + \alpha_6 RDINT +$$
$$\alpha_7 SLEV + \alpha_8 LLEV + \alpha_9 ROA + \varepsilon \qquad (4-2)$$

下面将通过该模型分别对全部样本、法定执行税率降低样本、法定执行税率不变样本和法定执行税率提高样本，在新税法实施前后两个年度（2007 年和 2008 年）的数据进行回归分析，以检验前文的假设 1 和假设 2。

其中，系数 α_1 表明法定执行税率（STR）与实际税率（ETR）之间的关系变化：如果 α_1 显著为正，实际税率与法定执行税率的变动方向是一致的，法定税率变化 1%，实际税率将变化 α_1；如果 α_1 显著为负，则实际税率与法定执行税率的变动相反，法定执行税率的提高（降低），将带来实际税率的降低（提高）；如果 α_1 不显著，则表明法定执行税率（STR）与实际税率（ETR）无显著关系。系数 α_2 表示样本公司 2008 年实际税率（ETR）相较于 2007 年实际税率的变化。若 α_2 显著为负，则说明上市公司 2008 年实际税负（ETR）显著低于其 2007 年；若 α_2 显著为正，则说明上市公司 2008 年实际税负（ETR）显著高于其 2007 年；若 α_2 不显著，则表明 2007 年和 2008 年实际税率无明显差异。α_0 为截距项，ε 为残差。其他的变量为控制变量，主要包括公司规模、存货集约度、资本密集度、科研投入、长短期负债融资财务杠杆和获利能力（见变量定义表），用来控制公司特征的其他相关因素对公司实际税率（ETR）的影响。这是当前国内外研究中对公司实际税率（ETR）影响比较大的几项因素。

模型 4-2：

$$ETR = \beta_0 + \beta_1 TR1 + \beta_2 TR2 + \beta_3 SIZE + \beta_4 INVINT + \beta_5 CAPINT + \beta_6 RDINT + \beta_7 SLEV + \beta_8 LLEV + \beta_9 ROA + \varepsilon \qquad (4-3)$$

采用该模型可以分别对 2007 年和 2008 年样本数据进行回归分析，以检验假设 4-3。其中，系数 β_1 表示法定执行税率提高的上市公司与法定执行税率没有提高的上市公司的实际税率（ETR）之间的差异。若 β_1 显著为正，则表明法定执行税率提高的上市公司实际税率（ETR）显著高于法定执行税率没有提高的上市公司；若 β_1 显著为负，则表明法定执行税率提高的上市公司实际税率（ETR）显著低于法定执行税率没有提高的上市公司；若 β_1 不显著，则表明两类上市公司实际税率（ETR）基本无差异。系数 β_2 表示法定执行税率不变的上市公司与法定执行税率变化的上市公司的实际税率（ETR）之间的差异，其符号意义类似于 β_1。β_0 为截距项，ε 为残差。后面控制变量的内容与模型 4-1 相同。相关变量定义见表 4-1。

表 4-1　　　　　　　　　　　　　　变量定义表

	变量名称	变量代码	变量定义
被解释变量	实际税率	ETR	$\dfrac{\text{所得税费用}-\text{递延所得税负债}+\text{递延所得税资产}}{\text{税前利润}-(\text{递延所得税负债}-\text{递延所得税资产})/\text{法定税率}}$
解释变量	法定税率	STR	该年公司的法定执行税率
	年度	YEAR	反映所属年度，如果是税改后的数据，则 Year=1；否则，Year=0
	TR_1	TR_1	反映法定执行税率变化情况，如果法定执行税率提高，则 TR_1=1；否则，TR_1=0
	TR_2	TR_2	反映法定执行税率变化情况，如果法定执行税率不变，则 TR_2=1；否则，TR_2=0

表4-1（续）

变量名称	变量代码	变量定义
公司规模	SIZE	年末资产总额的自然对数
存货集约度	INVINT	年末存货净值/年末资产总额
资本密集度	CAPINT	年末固定资产净值/年末资产总额
科研参与程度	RDINT	年末无形资产净额/年末资产总额
短期杠杆	SLEV	年末流动负债/年末资产总额
长期杠杆	LLEV	年末长期负债/年末资产总额
获利能力	ROA	息税前利润/年末资产总额

控制变量（左侧合并单元格）

4.3.3 样本选取

从2008年1月1日起，新企业所得税法开始正式实施，为了便于比较新税法实施前后企业所得税负担的变化情况，本书以2007年和2008年作为选取的样本年份。为便于与边际税率进行比较，样本范围包括沪、深两市2000年之前上市的公司，同时作了如下处理：①剔除2010年年底已退市的公司；②剔除金融类上市公司；③剔除新税法改革后税率无法判断的公司，即适用法定执行税率难以确定的公司；④剔除控制变量数据异常的公司；⑤剔除净资本资产投资与有息债务为0的企业；⑥剔除其他数据缺失或者异常的公司。根据上述条件进行筛选，本书最后得到377家上市公司作为研究样本，表4-2描述了各种样本所占的比重。相关数据来源于国泰安数据库以及上市公司披露的年度财务报表（主要搜集上市公司报表附注公告中的法定执行税率），不足数据则通过CCER中国经济金融数据库进行补充。

表4-2　　　　　　　　　　样本构成

样本类型	样本个数	占本类型样本比例	占全部样本比例
全部样本	377	100%	100%
法定执行税率降低的样本	208	100%	55%
法定执行税率降低8个百分点的样本（33%~25%）	175	84%	46%
法定执行税率降低18个百分点的样本（33%~15%）	21	10%	6%
其他	12	6%	3%
法定执行税率提高的样本	67	100%	18%

表4-2(续)

样本类型	样本个数	占本类型样本比例	占全部样本比例
法定执行税率提高 3 个百分点的样本（18%～15%）	19	28%	5%
法定执行税率提高 10 个百分点的样本（25%～15%）	40	60%	11%
其他	8	12%	2%
法定执行税率不变的样本	102	100%	27%

表 4-2 报告了样本的构成。从表中可以看到，在全部的样本中，从 2007 年到 2008 年，一多半（55%）的样本公司的法定执行税率降低了，但仍有一少半（45%）的样本公司的法定执行税率得到提高或者没有发生变化。并且，法定执行税率降低的样本公司也并非都降低 8 个百分点（即老税率 33%-新税率 25%），也有 6% 的公司法定执行税率降低了 18 个百分点。法定执行税率提高的样本也并非都提高（即新税率 25%-老税率 15%）10 个百分点，也有 5% 的公司提高了 3 个百分点（即新税率 18%-老税率 15%）。

4.4 实证结果与解释

4.4.1 描述性统计

从表 4-3 可以看出，在 2008 年之前，54.38% 的上市公司的法定执行税率都在 25% 以上，42.71% 的上市公司享受 [15%，20%) 之间的优惠税率；但在 2008 年之后，适用 [15%，20%) 区间的上市公司降低至 39.26%，而适用 25% 所得税税率的上市公司大幅增加至 59.15%。可见，2008 年 1 月 1 日起企业所得税的税率由 33% 改为 25%，对于上市公司整体执行税率的影响是存在的。这种法定执行税率的变化，必然导致上市公司税改前后的所得税税负数据发生相应的变化。

表 4-3   样本法定执行税率区间图

年份	[0,5%)	[5%,10%)	[10%,15%)	[15%,20%)	[20%,25%)	[25%,30%)	[30%,33%)	合计
2007	5	1	0	161	5	3	202	377
	1.33%	0.27%	0.00%	42.71%	1.33%	0.80%	53.58%	100%
2008	2	1	2	148	1	223	0	377
	0.53%	0.27%	0.53%	39.26%	0.27%	59.15%	0.00%	100%

表 4-4 列示了 2007 年和 2008 年全部样本、法定执行税率提高样本、法定执行税率不变样本和法定执行税率降低样本因变量及各控制变量的基本情况。从表中可以看出，除法定执行税率提高样本的实际税率均值在 2008 年略高于 2007 年外，全部样本、法定执行税率降低和不变样本的实际税率（ETR）的均值在 2008 年均低于 2007 年。

表 4-4　　　　　　　　　　　　描述统计

	ETR	STR	SIZE	INVINT	CAPINT	RDINT	SLEV	LLEV	ROA
Panel A：2007 年									
（1）全部样本									
均值	22.02%	24.63%	21.572 1	16.26%	28.20%	5.35%	19.21%	6.60%	6.72%
标准差	0.670 3	0.092 6	1.224 6	0.132 9	0.180 8	0.083 1	0.207 5	0.093 3	0.365 9
（2）法定执行税率降低的样本									
均值	29.81%	32.57%	21.584 3	16.44%	29.33%	5.39%	19.31%	7.05%	5.02%
标准差	0.920 6	0.023 7	1.183 2	0.141 8	0.185 2	0.089 5	0.179 7	0.093 8	0.158 1
（3）法定执行税率不变的样本									
均值	15.98%	18.12%	21.519 6	16.75%	26.80%	5.87%	17.47%	6.63%	11.24%
标准差	0.248 7	0.071 6	1.367 6	0.123 7	0.184 1	0.088	0.152	0.097 3	0.602
（4）法定执行税率提高的样本									
均值	11.59%	14.64%	21.635 4	14.83%	27.65%	4.25%	22.15%	5.30%	3.08%
标准差	0.183 3	0.042 9	1.059 9	0.124 1	0.161 6	0.047 4	0.332 1	0.083 8	0.106 2
Panel B：2008 年									
（1）全部样本									
均值	11.78%	21.46%	21.594	17.24%	28.62%	6.21%	18.49%	7.30%	3.20%
标准差	0.539 3	0.057 1	1.356 9	0.155 2	0.185 3	0.090 2	0.221 7	0.108 2	0.295 9
（2）法定执行税率降低的样本									
均值	15.82%	23.30%	21.617 3	17.43%	28.70%	6.88%	17.63%	7.73%	6.58%
标准差	0.503	0.040 2	1.438 9	0.168 1	0.175 9	0.110 6	0.141 5	0.103 8	0.385 4
（3）法定执行税率不变的样本									
均值	10.64%	18.12%	21.562 3	18.07%	27.22%	5.64%	17.41%	7.39%	-0.16%
标准差	0.699 8	0.071 6	1.349 7	0.148 3	0.195 4	0.068 4	0.158 4	0.116 8	0.188 2
（4）法定执行税率提高的样本									
均值	16.28%	23%	21.588 3	15.17%	31.00%	5.39%	22.90%	5.93%	0
标准差	0.172 3	0.036 5	1.134 7	0.128 6	0.192 2	0.055 4	0.417 9	0.104 2	0.1

从上述描述统计结果来看，实施新企业所得税法后，上市公司整体的实际税率（ETR）从22.02%下降到了11.78%（降低了10.24个百分点），法定执行税率降低的上市公司的实际税率（ETR）从29.81%下降到了15.28%（降低了13.98个百分点），法定执行税率不变的上市公司的实际税率（ETR）从15.98%下降到了10.64%（降低了5.34个百分点），法定执行税率提高的上市公司实际税率（ETR）从11.59%上升到了16.28%（提高了4.69个百分点）。

4.4.2 公司实际税率（ETR）年度间比较

表4-5报告了全部样本、法定执行税率降低样本、法定执行税率不变样本和法定执行税率提高样本2008年相对2007年的公司实际税率（ETR）变化情况。从该表数据可以看出，全部样本、法定执行税率降低样本的实际税率之差（△ETR）在t检验和非参数符号秩检验下都显著小于5%，这说明其2008年的实际税率（ETR）都显著低于2007年。法定执行税率不变样本的实际税率之差（△ETR）也是负数，但未能通过t检验和符号秩检验，且均值之差为5.34%，差异不显著。法定执行税率提高样本的实际税率之差（△ETR）在t检验下不显著，符号秩检验下在5%的水平下显著。

表4-5　新企业所得税法实施前后公司实际税率（ETR）的比较

△ETR	平均值之差	t检验(t)	Sig.	符号秩检验(Z)	Sig.
（1）全部样本	−0.102 426	−2.614	0.009	−5.431	0.000
（2）法定执行税率降低的样本	−0.139 830	−2.098	0.037	−6.53	0.000
（3）法定执行税率不变的样本	−0.053 4	−1.641	0.103	−1.032	0.302
（4）法定执行税率提高的样本	0.046 9	0.113	0.910	−2.052	0.040

注：△ETR为2008年公司实际税率与2007年公司实际税率的差额，即△ETR = ETR2008—ETR2007。

表4-6报告了实证模型4-1的统计分析结果。具体包括：

实证结果显示全部样本的YEAR变量的估计系数为−0.125，在1%水平下显著为负，说明2008年全部样本的实际税率（ETR）比2007年显著降低；法定执行税率降低样本的YEAR估计系数为−0.242，在10%水平下显著为负，说明2008年法定执行税率降低样本的实际税率（ETR）比2007年也显著降低；法定执行税率提高样本的YEAR估计系数0.009，在5%水平下显著为正，说明2008年法定执行税率提高样本的实际税率（ETR）比2007年显著提高；

法定执行税率不变样本的 YEAR 估计系数为-0.114，不显著，说明法定执行税率不变样本两年间的实际税率（ETR）基本无显著差异。

上述回归结果与表4-5的检验结果和表4-4的描述统计结果基本上是一致的。

表4-6 模型4-1的回归结果

	（1）全部样本			（2）法定执行税率降低的样本		
	系数	t 值	Sig.	系数	t 值	Sig.
Intercept	0.079	0.185	0.853	0.731	0.834	0.405
STR	0.288	0.984	0.026	0.459	-0.39	0.097
YEAR	-0.125	-2.726	0.007	-0.242	-1.803	0.072
SIZE	-0.002	-0.078	0.938	-0.02	-0.539	0.59
INVINT	0.276	1.502	0.133	0.33	1.101	0.272
CAPINT	-0.014	-0.101	0.92	0.027	0.103	0.918
RDINT	0.325	1.188	0.235	0.6	1.46	0.145
SLEV	-0.032	-0.3	0.764	-0.258	-1.023	0.307
LLEV	0.299	2.34	0.02	0.573	2.542	0.011
ROA	0.006	0.088	0.000	0.049	-0.325	0.000
R^2	0.424			0.548		
Adj R^2	0.412			0.524		
F 值	2.041			2.01		
概率	0.000			0.000		
	（3）法定执行税率不变的样本			（4）法定执行税率提高的样本		
	系数	t 值	Sig.	系数	t 值	Sig.
Intercept	0.104	0.177	0.859	0.233	0.567	0.572
STR	-0.824	-1.693	0.892	0.365	0.908	0.065
YEAR	-0.114	-1.681	0.894	0.009	0.211	0.033
SIZE	0.006	0.223	0.824	-0.008	-0.435	0.665
INVINT	0.243	0.814	0.416	0.062	0.43	0.668
CAPINT	0.073	0.339	0.735	-0.127	-1.241	0.217
RDINT	-0.415	-0.882	0.379	0.205	0.636	0.526
SLEV	0.207	0.875	0.382	-0.02	-0.449	0.654
LLEV	-0.016	-0.086	0.931	0.028	0.295	0.768
ROA	0.017	0.21	0.034	0.446	2.648	0.009
R^2	0.441			0.489		
Adj R^2	0.425			0.421		
F 值	2.126			3.302		
概率	0.000			0.000		

4.4.3 实际税率与法定执行税率间的关系分析

实证结果显示全部样本 STR 变量的估计系数为 0.288，且在 5% 水平下显著，实际税率的变化方向与法定执行税率的改变一致，这说明实际税率的变动方向保持着与法定执行税率的变动方向保持一致，法定税率的降低在一定程度上减轻了上市公司的整体税负，同时结合公司实际税率年度间的比较分析，从而使假设 4-1 得到验证。

法定执行率降低样本和法定执行率提高样本都是在 10% 水平下显著：其中法定执行率降低的上市公司，其实际税率降低约 45.9%；法定执行率提高的上市公司，其实际税率提高约 36.5%。法定执行率不变的则不显著。这充分表明上市公司的所得税负担的变动是受法定执行率的影响。即法定执行率降低的上市公司，其实际税率也降低；法定执行率提高的上市公司，其实际税率也提高，从而验证了假设 4-2a 和 4-2b。

表 4-7 报告了全部样本、法定执行率降低样本、法定执行率不变样本和法定执行率提高样本 2007 年到 2008 年的法定执行率和实际税率（ETR）变化幅度的比较。从表中可以看出，虽然全部样本、法定执行率降低样本和法定执行率提高样本的实际税率（ETR）变化方向和法定执行率是一致的，但变化幅度并不相同。

表 4-7　法定执行率与实际税率（ETR）税改前后变化幅度的比较

	全部样本	法定执行率降低的样本	法定执行率不变的样本	法定执行率提高的样本
法定执行率均值之差	−0.071 7 *** （−8.509）	−0.102 7 *** （−37.568）	0	0.078 9 *** （14.912）
实际税率均值之差	−0.102 426 *** （−2.614）	−0.139 830 ** （−2.098）	−0.053 4 （−1.641）	0.046 9 （0.113）
Year（模型 4-1）的估计系数	−0.125 *** （−2.726）	−0.242 * （−1.803）	−0.114 （−1.681）	0.009 ** （0.211）

注：①法定执行率均值之差＝2008 年法定执行率的平均值−2007 年法定执行率的平均值；实际税率均值之差＝2008 年实际税率的平均值−2007 年实际税率的平均值。

② *** 、 ** 、 * 分别代表 1%、5%、10% 的显著水平。

4.4.4 上市公司实际税率（ETR）年度内差异情况的检验结果分析

表 4-8 显示了模型 4-2 的回归结果：① 2007 年 TR1 的估计系数为 −0.174，并在 10% 的水平下显著为负，2008 年的估计系数则不显著。这说明

法定执行税率提高的样本在 2007 年的实际税率比法定执行税率不提高样本低17.4%，到了 2008 年，这两类样本之间则无显著差异。② 2007 年 TR2 的估计系数为-0.146（10%的水平下显著为负），2008 年的估计系数为-0.062（5%的水平下显著为负）。这说明法定执行税率不变样本 2007 年的实际税率比法定执行税率变化样本低 14.6%，2008 年则低 6.2%。

因此，新企业所得税法实施前，法定执行税率提高的上市公司实际税率显著低于法定执行税率降低和不变的上市公司；新税法实施后实际税率差异减小；法定执行税率不变的上市公司新企业所得税法实施前后的实际税率均显著低于法定执行税率降低的上市公司，但 2008 年的差异比 2007 年小很多，不同类样本间的税负差异显著缩小。这表明新企业所得税法有效实现了上市公司间的税负公平。这基本验证了假设 4-3。

表 4-8   模型 4-2 的回归结果

	（1）2007 年样本			（2）2008 年样本		
	系数	t 值	Sig.	系数	t 值	Sig.
Intercept	0.422	0.611	0.542	-0.208	-0.407	0.684
TR1	-0.174	-1.807	0.072	0.01	0.12	0.905
TR2	-0.146	-1.88	0.061	-0.062	-0.974	0.031
SIZE	-0.009	-0.279	0.78	0.009	0.384	0.701
INVINT	0.107	0.353	0.724	0.39	1.788	0.075
CAPINT	-0.227	-1.038	0.03	-0.16	-0.889	0.005
RDINT	-0.829	1.907	0.057	-0.057	-0.171	0.864
SLEV	-0.087	-0.51	0.61	0.005	0.039	0.969
LLEV	0.551	2.758	0.006	0.043	0.27	0.788
ROA	0.031	0.301	0.004	0.061	0.598	0.000
R^2		0.451			0.516	
Adj R^2		0.427			0.509	
F 值		12.161			11.65	
概率		0.004			0.007	

4.4.5 上市公司所得税负担水平的地区差异分析

本章将公司样本所处区域划分为东部、中部和西部地区，但由于经济特区在税改之前普遍存在税收优惠，因此我们将经济特区（包括深圳、珠海、汕头、厦门、海南、喀什和上海）作为一类子集加以单独研究。表 4-9 显示了各地区在税改前后的实际税率均值、实际税率均值之差及 t 检验结果。从表中可以看出，税改后各地区实际税负均有所降低。由于法定税率的降低，东部和中部地区上市公司的实际税负与税改前相比得到了显著的下降，分别下降了8.6个百分点和7.03个百分点，且其均值都通过了t检验，这说明东部和中部地区的上市公司在税改前大部分执行的是33%的法定税率，而在税改后降低为25%，使其实际税负显著降低；西部和经济特区上市公司的实际税负虽有降低，但t检验并不显著，这说明西部和特区的大部分上市公司在税改前已享受了税率优惠和其他优惠措施，因此，这次所得税改革对这些地区的上市公司的实际税负影响不大。而且在税改前后，东部和中部上市公司的实际税负均高于西部和特区。

表 4-9　　　　　　　　　　各地区均值 t 检验比较

地区	公司数	税改前	税改后	税改前 VS 税改后		
		实际税率	实际税率	实际税率之差	t 检验	Sig.
东部	162	29.56%	20.96%	-8.6%	7.936	0.000
中部	109	25.45%	18.42%	-7.03%	0.734	0.006
西部	68	11.26%	9.96%	-1.30%	1.469	0.144
特区	38	14.96%	12.94%	-2.01%	0.573	0.57

表 4-10 报告了新企业所得税法实施前后，各地区上市公司之间实际税收负担的差异情况。方差分析 ANOVA 和非参数 K-W 检验均显示税改前后各地区之间的实际税收负担都存在显著差异，结合表 4-9 得出的结论即税改后西部和经济特区上市公司的实际税负仍低于东部和中部上市公司的实际税负，从而验证了假设 4-4b。

表 4-10　　　　　　　税改前后各区域实际税率差异检验

年度		F 值	Sig.
2007 年	单因素方差分析 ANOVA	4.147	0.006
	非参数检验 K-W	58.508	0.000
2008 年	单因素方差分析 ANOVA	0.751	0.000
	非参数检验 K-W	14.734	0.000

综合上述分析，税改之后，东部和中部地区上市公司实际所得税税负明显降低；西部和经济特区上市公司实际所得税税负虽有所降低，但并不明显。西部和经济特区上市公司实际所得税税负没有明显差异的原因可能是在新税法实施前，大多企业已在执行优惠税率；新税法实施后，所得税优惠政策仍在执

行，法定执行税率变化不大，导致整体差异不明显。

4.4.6 不同行业上市公司的所得税负担水平的差异分析

表4-11报告了新税法实施前后各行业大类的实际税率及其变化的差异性检验。从排名情况来看，除建筑业和社会服务业在税改前后的位置对调之外（建筑业从税改前的第七名上升到税改后的第四名，社会服务业与之相反），其他各行业在税改前后的排名基本上没有大的变化；从实际税率的变化情况看，除建筑业上市公司的实际税负水平略有上升之外，其他各行业所得税平均实际税负水平都下降了，但各行业下降的幅度不同。

（1）税负水平行业间的差异反映国家的产业政策导向

本次企业所得税改革使大多数行业的实际税负水平得以下降，其中，下降幅度较大的是电力、煤气及水的生产和供应业以及农、林、牧业，分别下降了13.53个百分点和11.31个百分点；下降较少的是综合类和文化传播业，分别下降了0.86个百分点和1.71个百分点；但建筑业有小幅度的上升，提高了0.58个百分点，主要是因为所选的样本大部分在税改前执行了15%的优惠税率造成的。2008年税改后，实际税率最高的几个行业主要是房地产、采掘、批发和零售、建筑等行业，基本与国家宏观调控政策一致；实际税率最低的几个行业分别是电力、煤气及水的生产和供应业，信息技术业，农、林、牧业等行业，这是所得税法对国民生活消费产业和高新技术业加以扶持，实行税收优惠政策引导的结果。

表4-11　　　　税改前后各行业实际税率差异检验

行业	样本数量	税改前		税改后		税改前 VS 税改后	
		实际税率	排名	实际税率	排名	税率差	t 检验（概率）
农、林、牧	12	14.64%	11	3.33%	12	-11.31%	0.391 (0.008)
采掘业	6	29.93%	2	24.25%	1	-5.68%	2.768 (0.699)
制造业	236	17.09%	9	7.92%	9	-9.17%	4.121 (0.000)
电力、煤气及水的生产和供应业	15	18.60%	8	5.07%	10	-13.53%	1.864 (0.069)
建筑业	8	20.10%	7	20.67%	4	0.58%	0.897 (0.375)

表4-11（续）

行业	样本数量	税改前		税改后		税改前 VS 税改后	
		实际税率	排名	实际税率	排名	税率差	t检验（概率）
交通运输、仓储业	17	23.23%	5	19.56%	6	-3.67%	2.965 (0.004)
信息技术业	24	9.10%	12	3.87%	11	-5.23%	2.27 (0.027)
批发和零售贸易	19	29.95%	1	22.62%	2	-7.33%	1.734 (0.089)
房地产业	3	28.20%	3	22.29%	3	-5.91%	0.659 (0.513)
社会服务业	14	25.34%	4	19.31%	7	-6.03%	0.811 (0.423)
传播与文化产业	3	16.39%	6	14.68%	8	-1.71%	0.196 (0.849)
综合类	20	20.84%	6	19.98%	5	-0.86%	-1.557 (0.148)

（2）行业间税负差异的解释

表4-11还报告了各行业上市公司实际税率变化的t检验，检验结果显示：农、林、牧，制造业、交通运输、信息技术业4个行业实际税率下降显著。其他各行业的实际税率税改前和税改后没有显著的差异。

其中，交通运输业在新税法实施前基本上实行的都是30%~33%的法定税率，而且其他可抵扣项目较少，在2008年法定所得税率降低、地区优惠取消之后，原来没有享受优惠的交通运输业实际税率有显著降低；农、林、牧和信息技术业在新税法实施前就已经较多地享受了来自产业或者地区的优惠政策，实施新税法后，仍享受了更多的产业优惠税率，故实际税率有显著变化。信息技术业与其他几个行业不同的是，新税法明确了《高新技术企业认定管理办法》，将更多的信息技术企业列入高新技术产业，从而使其享受了新税法的高新技术企业的相关优惠税率。同时从表中可以得出，税改后上市公司的实际税率仍存在行业间的差异，国家需要重点扶持的高新技术类和农林牧渔类产业的实际税负显著低于其他行业，从而使假设4-4a得到验证。

因此，新企业所得税法的实施，主要在于降低了税改之前税率较高的行业的实际税率，而对税改之前税率较低的行业也有影响，其中农、林、牧，交通运输仓储业、信息技术业实际税负的降低体现了新税法鼓励社会服务和高科技产业的方向。

从对第一、第二、第三产业的影响来看，2008年的税制变革发挥着重要的总量和结构性调节作用，通过完善产业税收政策，促进了产业结构优化升级，加快了产业结构调整，从根本上促进了经济的协调发展。比如，新税法将包括种植业、牧业、林业、渔业和副业在内的农业领域实际税负将至3.33%，降低农业产业化龙头企业的认定标准，将税收优惠政策覆盖至一部分中小农业产业化企业；对农民专业合作社合作销售、运输、贮藏等收入和所得免征企业所得税及相关地方税。对第二产业，为制定鼓励企业自主创新，开发高新技术产品，新税法通过税收政策变革，加大对信息技术业、高技术制造业在内的高科技行业的税收优惠力度。而对于房地产和非再生性、非替代性、稀缺性的采掘业税负并未给予大力度的优惠措施，这使得税改后采掘业、建筑业、房地产业的排名提前。

综合地区和行业因素来看，新企业所得税法的变革主要体现在：优惠重点由以区域优惠为主的格局转向以产业优惠为主、区域优惠为辅，兼顾社会公平的新税收优惠格局。

4.4.7　回归模型控制变量分析

从模型4-1和模型4-2的估计结果中我们可以看到，财务杠杆比率（尤其是长期负债杠杠）与公司实际税率显著正相关。也就是说，长期负债比率越高的公司，实际税率就越高。这与以前大部分研究的结果并不相符。笔者认为，出现这种情况的主要原因是由纳税调整额造成的，由于会计准则与税法在很多项目上的规定不同，同时加上一些单位违法列支的现象比较严重，就造成了会计利润与应纳税所得额存在较大的差异，在调增应纳税所得额后，就造成了实际税负偏高的情况；所得税的优惠政策（如税收减免）不同也会对实际税负的高低形成实质性的影响。

模型4-1和模型4-2均显示，公司资产收益率与公司实际税负显著正相关（显著性水平1%或5%）。即公司资产盈利越高，公司实际税收负担越高。从税负公平的理论来讲，实际税率与盈利能力是没有关系的，但是，由于抵税的金额（包括非债务税盾和债务税盾）是相对固定的，它无法与公司的当期所得同比例增加，就会造成实际税率较高。

模型4-2显示公司的资产组合与公司的实际税率存在显著相关。其中资本密集度，即固定资产占总资产比率与公司实际税率存在显著负相关关系。这是因为资本密集度越高的公司，累计折旧在税前扣除的金额越多，公司实际税负就越低。另外，2008年新税法实施后，固定资产减值准备等在税前可抵扣

金额受到明确限制，所以固定资产比重越高，会计利润与应税所得的差异

（ΔD）越大，根据公式 $ERT_i = \dfrac{T_i}{I_i} = \dfrac{TI_i \times t}{I_i} = \dfrac{(I_i - \Delta D_i)}{I_i} \times t = t - \dfrac{\Delta D_i}{I_i} \times t$，此时

公司实际税负就会越低。

2008 年存货集约度与实际税率正相关（显著性水平为 10%）。存货比例高的公司，由于存货不具有税盾效应，故具有较高的实际税负。这一结果符合 Gupta 和 Newberry（1997）有关资本密集度的研究结论。

科研参与度，即公司无形资产占总资产比率，2007 年与公司实际税率显著负相关（显著性水平 10%）。本书认为这一方面是由于无形资产的摊销具有类似于固定资产税盾的作用，另一方面是由于无形资产占总资产比重越高的公司，一般是较为偏重科研研发的公司，而国家对于高新科技公司的企业所得税税率，以及公司研发费用抵扣方面都有着相应的税收优惠政策，因此无形资产比重较大的公司，实际税负较低。

值得注意的是，公司规模与公司的实际税率不相关。虽然 Parcno（1986）的研究发现，大公司有着更为雄厚的经济实力和更强的政治影响力以及更多的税务专家，它们的实际税负要低于小公司。但是由于中国规模较小的上市公司大多是新成立的，享受着很多的税收优惠（企业也会在设立之初予以考虑），故规模因素并不会显著影响企业的实际税率。

4.4.8 实际税率稳定性检验

关于实际税率的计算公式，主要的争议在于如何对公司相应的税收负担及税前经济收益进行界定。公司实际税率 ETR 作为衡量公司税负的通行指标，通过国内外计算公式的整理，比较通用的计算公司实际税率的方法有 4 种，它们分别是：①实际税率=所得税费用/税前利润（Porcano，1986）；②实际税率=（所得税费用-递延所得税费用）/息税前利润（Porcano，1986）[①]；③实际税率=所得税费用/（税前利润-递延所得税费用/法定税率）（Stickney & McGee，1982）[②]；④实际税率=（所得税费用-递延所得税负债+递延所得税资产）/（税前利润-递延税款变化额/法定税率）（Shevlin，1992）[③]。

---

① Porcano T. Corporate tax rates: progressive, proportional, or regressive. The Journal of the American Taxation Association, 7, 1986: 17-31.

② Stickney C, V McGee. Effective corporate tax rates the effect of size, capital intensity, leverage, and other factors [J]. Journal of Accounting and Public Policy, 1, 1982: 125-152.

③ Shevlin T, S Porter. The corporate tax comeback in 1987' some further evidence [J]. The Journal of the American Taxation Association, 14, 1992: 58-79.

本书首先采用了最复杂的第4种方法计算公司实际税率，现在分别运用前3个公司实际税率计算指标，并重复前面实证研究步骤，结果发现，在所有的回归结果中，与假设4-1和假设4-2的预期完全一致。这进一步说明公司实际税率与公司法定执行税率存在正相关的逻辑关系。

另外，本章的研究样本包含了业绩亏损的公司，其原因在于公司整体业绩亏损，并不代表公司所有业务都亏损，公司就不需要缴纳任何的企业所得税。但从另一个角度看，公司业绩亏损则表明至少部分业务不需要缴纳企业所得税。为了克服业绩亏损对研究结果的影响，本处稳定性检验也删除了所有业绩亏损的公司，并根据实际税率的计算公式：（所得税费用−递延所得税负债+递延所得税资产）／（税前利润−递延税款变化额/法定税率），重复上述的研究过程，研究主要变量的显著性没有发生任何的改变。

4.5　本章小结

本章以新企业所得税法实施前后即2007年和2008年为样本期间，采用实际税率来衡量上市公司的实际税负水平，研究了法定执行税率改变对实际税率的影响，并且从总体、年度、地区和行业层面对上市公司的实际所得税税负进行了比较分析，得到如下结论：

（1）新税法实施后，上市公司的实际税率（ETR）在整体上大幅降低（降低了10.24个百分点），尤其是法定执行税率降低的上市公司的实际税率（ETR）降低幅度最高（税率降低了13.98个百分点），而法定执行税率不变的上市公司的实际税率（ETR）降幅也达到了5.34个百分点，法定执行税率提高的上市公司实际税率（ETR）有一定幅度的上升（提高了4.69个百分点）。

（2）实际税率变动方向与法定执行税率变动方向基本上保持一致。尤其是全部样本、法定执行税率提高样本和法定执行税率降低样本的实际税率（ETR）变化方向和法定执行税率变化方向是完全一致的。通过理论推导和实证分析，发现实际税率与法定执行税率存在正相关的逻辑关系。

（3）2008年的税制变革使企业所得税的法定执行税率变化分为三类：降低、不变、提高。法定执行税率提高的上市公司在新企业所得税法实施前的实际税率显著低于法定执行税率降低和不变的上市公司的实际税率；税改后各类样本实际税率无显著差异。这表明新企业所得税法有效实现了上市公司间的税负公平。

（4）区域分析表明新企业所得税法实施后，东部和中部地区上市公司实际所得税负降低明显；西部和经济特区上市公司实际所得税负虽有所降低，但降低并不显著。西部和经济特区上市公司所得税实际税率没有明显差异的原因可能是在新税法实施前，大多数企业已经在执行优惠税率；新企业所得税法实施后，所得税优惠政策仍在执行，并且税改后有一定的延缓期，法定执行税率变化不大，导致整体差异不明显。这说明各地区之间税负的趋同是由于税率降低的结果，而不仅仅是优惠政策取消所导致，同时表明新企业所得税法的实施促进了上市公司地区之间所得税负担的公平。

（5）行业的分析显示，从税改前到税改后，除建筑业上市公司之外，大多数行业所得税平均实际税负水平下降，而且各行业的实际税率排名没有太大的变化。税改后，实际税率最高的几个行业主要是房地产、采掘、批发和零售、建筑等行业，基本与国家宏观调控政策相一致；实际税率最低的几个行业分别是电力、煤气及水的生产和供应业，信息技术业以及农、林、牧等行业，是企业所得税法对国民生活消费产业和高新技术业加以扶持，实行税收优惠政策引导的结果。

（6）实证结果发现，上市公司的所得税税负普遍处在一个较低的水平，而公司实际税率与公司的资产收益率、财务杠杆比率显著正相关，但公司的固定资产和无形资产占总资产的比率，由于存在非债务税盾的作用，与公司实际税率显著负相关。

以上的研究结果表明，新税法通过降低法定执行税率，达到了降低实际税负的目的，同时将优惠政策由原来的以地区优惠为主、产业优惠为辅，改变为以产业优惠为主、地区优惠为辅，突出了税收政策的产业导向。

在对大部分公司降低法定税率的同时取消一些公司的地区的优惠政策，并给予取消地区优惠政策的公司以一定的延缓期。这样大部分公司由于法定税率的降低使其税收负担得到显著下降，而取消地区优惠政策的公司由于延缓期的存在使其实际税收负担没有大幅度的上升，从而有利于税率上升的公司进行管理和战略的调整，也有利于新企业所得税法的顺利实施和推行。这次的税法改革经验表明，在降低法定税率的同时取消优惠，并给取消优惠的公司一定的延缓期是一个比较成功的政策组合。

本章存在以下研究不足：

（1）本章以所得税实际税率及其影响因素分析为研究的重点，虽然研究表明实际税负计量优于法定执行税率，那么实际税率的计算是否能真正代表上市公司的真实税收负担，是否比边际税率等其他税率计算方式更合理、更客观呢？本章尚无法给予确切的结论。

（2）本书使用无形资产与总资产的比率来代理公司参与研发的程度。严格说来，这一代理变量并不是十分理想，因为无形资产比例大的公司并不一定研发投入就高。但由于我们无法获取有关研发费用的数据，这里只能暂且使用无形资产比率。

5 上市公司所得税边际税率有效性分析

5.1 边际税率研究的背景

公司所得税是否影响债务融资决策，进而影响公司价值？公司在进行债务融资决策时考虑所得税了吗？所得税与公司债务融资之间有什么样的关系？如何测度所得税与债务融资之间的关系？50 余年来，这些问题一直是公司财务理论中一个重要、复杂而又争议众多的热门领域。对这些问题逐渐深入的研究，不断推动着公司金融学向前发展。国外 Modigliani 和 Miller 等学者经过 50 余年的研究，在理论上得到了一些结论，在实践中找到了一些证据，但在税率与债务融资之间的关系问题上仍没有得出较为统一和明晰的结论，在税收负担的衡量指标选择上也存在很多分歧，有人使用平均税率，有人使用实际税率，有人使用法定税率，得出了不统一甚至相互矛盾的结论，与 MM 的经典理论也不相吻合。正如 Graham（1996a）所言，这种状况的主要原因在于，第一，直观的实际税率变量与债务融资之间有内生性；第二，税收体系很复杂；第三，公司的税负要考虑到净营运损失的向前结转和向后递延问题①。

边际税率可以定义为赚取 1 元额外的收入所支付的税费，Ricks 发现公司存货选择采用先进先出或后进先出的会计决策时，会根据个别公司边际税率的不同而有所不同。财务经济学家在研究租税效应时认为，在理论上就长期均衡而言，企业皆能完美地通过适时安排投资或融资来实现事实的税收利益，因此所有公司的边际税率将趋于一致，而且可能是趋近于零（Cordess & Sheffrin,

---

① Graham J R. Debt and the Marginal Tax Rate [J]. Journal of Financial Economics, 1996a, Vol. 41: 41-74.

1983；Auerbach & Poterba，1987）；然而在现实的世界里，各种管理决策的机会成本将使得各公司面对不同水平的边际税率，进而影响公司的各种财务决策（Cooper & Franks，1983）①。

目前大多数西方国家采用累进税率（progressive rate）的税制结构，除了第一级距外，边际税率往往高于实际税率。外国研究学者中有时也直接以实际税率作为边际税率的估计数，但是在使用累进税制且税率级距较为复杂的国家，这种估计方法显然是不精确的（Dhaliwal，1986）②。Gravelle 也认为在分析资本投资决策中，分析税制和税收改变的影响时，使用边际税率要优于实际税率。

许多研究中，学者们也以法定税率即税法中最高级距的税率，作为被研究公司的边际税率估计，然而由于各国税法普遍存在多种多样的税收优惠条款，例如投资税额扣抵（investment tax credit）、营业亏损后抵或前抵（net operating loss carryforward and/or carrybackward）及外国税额扣抵（foreign tax credit）等，这些条款都会影响公司的应税所得或直接改变公司当年度的应纳税。Mackie-Mason（1990）③ 认为过去公司在制定融资决策时，仅根据法定执行税率或实际税率来决定公司举债与否是不严谨的方法，因为举债利息虽可减少公司当年度的应税所得，具有税盾效应（tax shield），但除了债务税盾之外，公司往往有其他非债务税盾——营业损失前抵或后抵、投资抵减——当累计的营业损失及投资抵减金额足够大时，公司当年度就可能不用缴税，因此也可能不必通过举借债务来减少支付的公司所得税。Thomas（1988）、Scholes（1988，1992）等也发现直接以法定执行税率作为边际税率的替代变量过于武断，可能与事实不相符，并建议改为采用虚拟变量，即存在以往年度累计亏损时，采用较低的边际税率；若不存在，则采用较高的边际税率。Shevlin（1990）④ 认为仅以虚拟变量来对以往年度累计亏损存在与否进行分类过于粗糙，在美国的税法中，当期应税所得的正负数除了会影响当年度的边际税率外，负的当期应税所得可以抵扣前三年已缴的税款，或影响以后十五年度的累计亏损，因此考虑到时间

① Cooper I, J R Franks. The interaction of financing and investment decisions when the firms has unused tax credits. Journal of Finance（May），1983：571-606.

② Dhaliwal D S. Measurement of financial leverage in the presence of unfounded pension obligations. The Accounting Review，1986，October：65-83.

③ Mackie-Mason J K. Do Taxes affect corporate financing decisions?. Journal of Financial Economics，June/September，1990（6）：235-255.

④ Shevlin T J. Estimating corporate marginal tax rates with asymmetric tax treatment of gains and losses. The Journal of the American Taxation Association，1990（Spring）：51-67.

价值以及对未来公司获利或损失的不确定性，当年度的公司边际税率高低会随着"当期应税所得的金额"和"以往年度累计亏损"两个变量的不同而不同。他提出了估计边际税率的模型，分别就上述两个变量所存在的四种状况进行模拟研究与分析，他认为边际税率最高的情况是当期应税所得为正数且以往年度累计亏损不存在；边际税率最低的情况是当期应税所得为负数且以往年度累计亏损存在；至于当期应税所得为负数且以往年度累计亏损不存在或是当期应税所得为正数且以往年度累计亏损存在两种情况，其边际税率应介于最高与最低中间，无法分出高低，需视两个变量的实际数值大小而定。Shevlin 估计的边际税率十分类似企业当期税后实际应纳税所得估计的边际税率。这种方法提供了更为可靠地计量以企业为单位的边际税率，并且能够考虑处理未来研究中税收对企业投资决策的影响。

Manzon 提出了一个模型用来估计有净经营损失的企业的边际税率，这个模型比 Shevlin（1990）更加容易计量。方法是用一个企业的实际纳税额的现值作为边际税率的一个代表。折扣期由未来企业纳税期数估计，将可利用的净经营损失比率折扣到权益的市场价值中（作为预期平均未来年收益的代表）。与 Shevlin（1990）的计量相比，Manzon 的计量提供了一个更容易获得对带有净经营损失的企业边际税率的估计，但是它的弱点在于假定所有非净经营损失企业都适用最高法定税率，因此只适合计量有净经营损失的企业的边际税率估计。

在传统的财务理论中，对公司相关决策的研究中所采用的税率绝大部分是公司所承担的实际税负即实际税率。实际税率是指公司所负担的所得税与税前经济收益的比值也就是所得税费用除以税前利润，这种税率是公司所承担的平均税率。从理论上讲，实际税率在研究公司的税盾效应时是有一定的解释力，但是在探讨公司的融资决策时候，其所能够解释的部分就很小，因为只要债务所带来的边际利息税盾收益大于边际税率，理论上公司扩大债务融资额，进而调整公司的资本结构是能够提高公司的整体收益的。因此从这个角度上观察，以往所研究的平均税率即实际税率，与边际税率相比在公司融资决策和调整资本结构中的作用就小得多。但是，由于我国企业所得税采用的是比例税率，它不同于西方国家的累进税率，因此，有必要将边际税率对我国上市公司债务融资决策的有效性进行分析，为今后的研究提供理论基础。

本章基于对经典理论的分析和基于对中国上市公司数据的经验研究，在新兴市场经济国家背景下，综合考虑中国新企业所得税法修改前后的情况，从经验证据方面进一步考察企业所得税边际税率在债务融资方面的决策有用性，我们拟探讨如下问题：第一，为什么税收与负债融资即与公司资本结构之间的关系难以测度？第二，法定执行税率、实际税率、边际税率三者中，哪一个才是衡量税负水平的较科学合理的变量？第三，边际税率对企业的决策有用性如何，即边际税率是否反映了企业税负在不同行业、不同时间段、不同规模企业之间的差别？是否反映了企业所得税改革前后上市公司所得税税负水平的变化？

本章以下部分的内容是这样安排的：第二部分从我国税制国情探讨边际税率模拟估值研究的现实基础；第三部分分析企业所得税与债务融资关系理论的分歧；第四部分对融资决策中节税动机的代理变量进行优劣分析；第五部分分析边际税率的估值方法；第六部分基于边际税率研究结果的分析；第七部分是本章总结。

5.2 边际税率模拟估值研究的现实基础

中国作为一个新兴的市场经济发展中国家，税收体制、企业融资机制等都有着特殊的背景。就税制体系而言，大部分发达国家以最终环节的所得税为主体，与此不同，中国则以中间环节的流转税为主体，所得税并不是中国当前的主体税种。产生于西方国家的相关理论在中国是否成立，基于发达市场经济国家公司样本得到的一些经验证据在中国是否依然有效，这引起了我们的极大兴趣。以中国上市公司为对象的研究，关于税收与债务融资的关系方面，基本上有四种不同的代表性的结论，相互之间分歧较大，在理论和方法上都有待于进一步予以推进，有必要探讨新的研究方法，对他们所考虑的因素进行综合研究。

特别是，中国税收体制正处于转型过程中，例如，2002 年实行税制改革，取消了"先征后返"的优惠政策；2008 年实行了企业所得税"两税合并"、法定税率统一为 25% 的改革。这些改革是否对中国公司的债务融资决策产生了影响？在主要的文献中，却没有人专门回答过此问题。而且，中国作为新兴市场经济国家，处于经济转轨时期，税收体系与国外不同，且正处于变革之中，基于发达市场经济国家的研究结果与中国的情况是否吻合？所得到的结论在中国是否适用？从研究条件来说，从 2008 年 1 月 1 日起，企业所得税的法定税率由 33% 改为 25%，平均税率和边际税率都发生了变化；此外，财务报表中"递延所得税资产"、"递延所得税负债"的披露等数据条件的改善，也为我们的研究提供了现实条件。

5.3　企业所得税与债务融资关系理论的分歧

通过对公司财务理论演化发展过程的回顾，我们发现，资本结构理论的发展一直与税收问题紧密联系在一起，公司资本结构研究绕不过税收问题。从理论上分析，由于债务成本（利息）在税前支付，有助于节税，使得企业债券和贷款融资相对于股权融资更为便宜，从而有利于提升公司价值，企业发行债券或贷款融资的这种作用被称为"负债的税盾利益效应（Tax shield）"或"利息的税盾利益作用"。从税收视角来看，债务的税盾利益影响融资，融资的结构决定了资本结构，资本结构决定企业的财务结构、财务杠杆的运用和融资决策的制定，最终影响公司价值。

Modigliani 和 Miller（1958）（美国的 Modigliani 和 Miller 教授于 1958 年 6 月份发表于《美国经济评论》的"资本结构、公司财务与资本"）提出了"MM 定理"，认为在不考虑公司所得税，且企业经营风险相同而只有资本结构不同时，公司的资本结构与公司的市场价值无关。在 Modigliani 和 Miller（1963）中他们又提出了修正的 MM 理论，认为在考虑公司所得税的情况下，由于负债的利息是免税支出，尽管股权资金成本会随负债比率的提高而上升，但上升速度却会慢于负债比率的提高，负债可以降低综合资本成本，增加企业的价值，即认为考虑公司所得税时，负债有"税盾"利益作用，"税盾"利益与资本结构和公司价值有关。因此，原始的 MM 模型经过加入公司所得税调整后，可以得出结论：税收的存在是资本市场不完善的重要表现，而资本市场不完善时，资本结构的改变就会影响公司的价值，也就是说公司的价值和资金成本随资本结构的变化而变化，有杠杆的公司的价值会超过无杠杆公司的价值（即负债公司的价值会超过无负债公司的价值）。1976 年，Miller 在加入了个人所得税因素后提出了"Miller 模型"，他认为个人所得税的损失与公司追求负债、减少公司所得税的优惠大体相等，这又回到了资本结构与公司价值无关论的起点上。1976 年以后，后来的一批学者又提出了"权衡理论"，认为负债减税收益要与财务拮据预期成本现值、代理成本预期现值等相权衡。

上述理论经历了一个否定之否定的辩证发展过程，在循环往复中不断得到提升。但时至今日，上述理论的分歧仍然没有消弭，上述理论对真实世界的解释能力不断受到挑战，很多问题仍然是悬而未决。特别是，相关理论在债务

"税盾"与资本结构之间的关系问题上依然众说纷纭，于是，大量的文献试图对下列问题给出统一的解答：负债的节税效应是否确实影响了实际经营中企业的融资决策？税盾利益是否会被一些因素完全抵消？公司真的关心债务的税盾利益从而加大债务融资吗？债务的税盾利益对资本结构的影响在不同行业、不同规模的公司中是否相同？

为此 Fama（1998）指出，税收的因素在横截面上观测不到[1]。Graham（1998）认为，税收对公司资本结构有实质性的影响，但由于税法的复杂性和未来盈余的不确定性，准确衡量税盾激励是较为困难的；税收的因素之所以观测不到，主要是因为税法的复杂性和税收负担与融资之间的内生性。

以中国公司为对象的研究，关于税收与债务融资的关系方面，基本上有四种不同的代表性的结论：

（1）不显著论。Huang 和 Song（2006）以1994—2000年为样本期，考察了公司平均税率，发现其对负债水平的作用并不显著[2]。

（2）负相关论。Zou 和 Xiao（2006）以1993—2000年为样本期，以是否存在亏损递延这一哑变量作为当期边际税率的代理变量，却发现了税率与财务杠杆负相关的异常证据[3]。

（3）正相关论。Wu 和 Yue（2006）以2002年为样本期，基于2002年中国税率变动的特殊制度背景，间接地发现税率对公司财务杠杆具有显著的正向影响，支持权衡理论的论断[4]。

（4）时序差异论。张春和廖冠民（2007）以1999—2005年为样本期，发现各年度之间上市公司资本结构的选择模式也存在差异，例如，国有公司的税率只是在后期与其债务资产比正相关。造成上述分歧的主要原因，在于各自代理变量选择上的差异。

综上所述，基于现有文献，国外研究在理论上不统一，在实证上有难以度量和观测的难题；而关于中国债务税盾与债务融资关系问题的研究，其结论也分歧较大，难以统一。造成这种状况的原因主要是，在税负水平的衡量上，没

① Fama，Eugene F，Kenneth R. French. Taxes，Financing Decisions，and Firm value. Journal of Finance，1998（53）：819-843.

② Huang，Guihai，Frank M Song. The determinants of Capital Structure：Evidence from China，China Economic Review，2006（17）：14-36.

③ Zou Hong，Jason ZeZhong Xiao. The Financing Behavior of listed Chinese Firms，British Accounting Review，2006（38）：239-258.

④ Wu liansheng，Heng Yue. Corporate Tax，Capital Structure，and the Accessibility of Bank loans：Evidence from China，Chinese Academy of Management Annual Meeting，2006.

有找到科学合理的代理变量。为了消弭资本结构理论的相关分歧，需要加强实证研究，而实证研究的难题和关键在于选择基于节税动机的税负水平的代理变量。

5.4　融资决策中节税动机的代理变量优劣分析

从理论上分析，由于债务成本（利息）在税前支付，而股权成本（利润）在税后支付，使得企业负债融资相对于股权融资更为便宜，债务融资有助于节税，从而有利于提升公司价值。债务融资的这种作用被称为"负债的税盾效应（Tax Shield）"或"利息的税盾利益作用"。在利息率等其他因素既定的情况下，若公司的税负水平越高，则税盾效应越大，公司增加负债融资以获得税盾利益的动机也就越强。要在经验层面上度量和检验税收对债务融资的影响，需要找到合适的代表负债融资水平、税负水平和税盾利益的相关代理变量。其中，负债水平的代理变量容易找到，而所得税税负水平从负债的节税动机的代理变量的选择就成了问题的关键。在现有文献中，衡量公司所得税负担水平的指标，有法定税率、实际税率、边际税率等。

更深一步来讲，法定税率衡量了企业理论上应负担的税负水平。一般情况下，从横截面上看，属于同类税目的企业的法定税率是相同的，看不出相互之间因税收与债务融资之间变化关系的差别；从时间序列上看，在中国，近年来，除了 2002 年和 2008 年的税制改革外，法定税率通常较为固定，无法观察到债务融资与法定税率之间的变化关系。从个别企业来看，用法定税率来衡量税负水平并不准确。

实际税率虽然也是比较容易直观性地联想到的衡量税收负担的指标，但当公司亏损或利润为 0 时，公司的实际税率为 0；只有当公司盈利时，公司的实际税率才为正，并且它不是正态分布的。

边际税率的内涵是指最后增加的 1 元应税所得额的应纳税比率。融资前边际税率越高，公司越有动机通过负债获得税盾利益，因为此时负债越多，获得的税盾利益就越大，给公司创造的价值就越多。正如 Granham（2000）指出的，"从来没有一个公司金融领域的概念像边际税率这样应用广泛却又含混不清。"本书所使用的边际税率的定义源于经济学的普遍接受的定义，即边际税率是应纳税所得额增加一个货币单位时所得税额的增加比率。边际税率借鉴了经济学中边际分析的思想，这是一个动态化的代理变量，它可以将应税所得的波动、亏损的结转等因素考虑在内，能发现税负与债务之间的动态变动关系。理论上，边际税率能克服法定税率的凝固性问题，克服实际税率与负债融资之间的内生性问题，便于面向未来进行融资决策，是一个更合理的代理变量。这一领域当前国外的研究成果中，最有代表性的是 Graham 的研究。Graham（1996a）、Graham（1996b）、Graham Lemmon 和 Schallheim Lemmon 和 Schallheim（1998）、Graham（2000）发展了一种计算边际税率的新方法，解决了税率与负债之间的内生性问题，考虑到了净营运损失的向前结转和向后递延问题，探测到了债务融资与边际税率之间的真实联系，得到了优于其他指标的研究结果。Graham（1996a）、Graham（1996b）、Graham（1998）、Graham（2000）等文献证实，边际税率优于法定执行税率和实际平均税率，是迄今为止用于衡量融资中的节税动机的更好指标。

5.5　边际税率的估值方法

鉴于理论上的不统一、实证结果的分歧和现实条件的变化，我们测算了样本公司的边际税率。我们以中国 1997—1999 年所有 A 股上市公司为初选样本，样本期间为 2005—2009 年，由于用 Mont Carlo 随机模拟估计边际税率需要 5 年的启动期，因此经验研究的样本期间为 2000—2009 年。由于金融类公司以负债经营为主，负债水平整体偏高，为消除极端样本的影响，在样本中将其剔除；相关变量的数值过大的部分样本作为异常样本被剔除；部分年度数据缺失的样本也被剔除。最后的样本包括 377 个公司的样本，由于测度了公司十年的情况总共包含 3770 个公司年样本。我们测算出了每一个公司每年的边际税率，构建了这些样本公司在此样本期间的边际税率的数据库。研究数据来源于国泰安数据库和 CCER 金融数据库。分析边际税率所使用的各年度样本分布见表 5-1。

表 5-1　　　　　分析边际税率所使用的各年度样本分布

年度	2000 年	2001 年	2002 年	2003 年	2004 年
公司数	377	377	377	377	377
年度	2005 年	2006 年	2007 年	2008 年	2009 年
公司数	377	377	377	377	377

结合中国的实际情况，根据《中华人民共和国企业所得税法》第十八条之规定，当年的亏损可以用以后5年的盈利来结转和弥补，这将影响到多年的边际税率，因此，测算边际税率时必须要充分考虑两个因素：第一，仅一个年度的会计数据是不够的；第二，需要估计此后5年的应税所得。我们参照并改进了 Graham（1996a）提出的估计边际税率的方法后，按如下步骤测度边际税率：

（1）估计每一年度应税所得的年度增量。由于公司未来年度应税所得是增加还是减少，以及增加或减少金额是多少，存在许多随机因素，因此将应税所得的变动额看作一个带漂移的随机游走（a random walk with drift）过程，用Monte Carlo 随机模拟方法和以下随机模拟模型来估计每一个样本公司未来的应税所得的年增量。

$$\Delta TI_{it} = \mu_i + \varepsilon_{it} \tag{5-1}$$

其中 ΔTI_{it} 表示第 i 家公司第 t 年的应税所得相对于上一年的增量，这里应税所得的计算方法是税前会计利润加上"递延所得税资产的增加/法定执行税率"或"递延所得税负债的减少/法定执行税率"；μ_i 表示第 i 家公司 ΔTI_{it} 的样本均值；ε_{it} 表示一系列零均值、不序列相关、同方差（方差等于 ΔTI_{it} 的样本方差）的正态随机扰动项。公式（5-1）表明，ΔTI_{it} 服从带漂移的随机游走。

根据税法，由于某一年的经营亏损，可能需要向后结转5年，此后5年的应税所得，都可能与这一年的边际税率有关，所以要预测在此年之后5年的应税所得。例如，要估计2009年的边际税率，就要用上式预测2010—2014年5年间的应税所得的增量。

（2）计算每一预测年度的应税所得。根据前一步骤估计的应税所得的年增量，按公式（5-2）计算每一预测年度的应税所得。

$$TI_{i,\,t+1} = TI_{it} + \Delta TI_{i,\,t+1} \tag{5-2}$$

例如，要估计2009年的边际税率，就要用2008年的实际应税所得加上公式（5-1）估计的2009年应税所得相对于2008年的增量，即得到2009年的应税所得，依此类推，估计出2010—2014年度的应税所得。

（3）根据税法计算各年度的所得税额。沿用上例，如要估计2009年的边际税率，计算步骤大体如下：①判断2009年是否亏损，如果亏损即 $TI_{2009} < 0$，那么将该亏损向后结转，用以后最多5年的利润弥补。②如果2009年实现盈利，且2009年以前有向后结转的累计亏损，则2009年的利润首先弥补以前年度结转的累计亏损，弥补完累计亏损后的余额即为新的应税所得。我们利用公式（5-3）计算出样本的应纳税额。

$$TAX_{it} = (TI_{it} - \sum_{t-5}^{t-1} \mid TI_{it} \mid) T_c - TAXF_{it} \tag{5-3}$$

其中：TAX_{it} 为应纳税额；TI_{it} 为以前年度亏损额；T_c 该公司适用的法定执行税率；$TAXF_{it}$ 为减免税额和抵免税额，指依照企业所得税法和国务院的税收优惠规定减征、免征和抵免的应纳税额。

4）计算相关年度的总税款。将待估计年度（如前例中的 2009 年）以后 5 年（即前例中的 2010—2014 年）的税款，用平均无风险债券收益率，贴现到待估计年度并加总。加总待估计年度及此后 5 年税款的现值，得到总税款。

5）将待估计年度的应税所得额加上 1 元，重复第三、四步骤重新计算新的总税款，总税款的增加比率，即为待估计的边际税率。

6）重复上述 5 个步骤 50 次，得到 50 个第 i 家公司第 t 年度边际税率的估计值，以其样本均值作为预期融资前边际税率的估计值，并记为 $MTR_{i,\,t-1}$，估计的边际税率样本标准差为 STD，此标准差反映估计的精度。

5.6 基于边际税率研究结果的有效性分析

5.6.1 2005—2009 年各公司边际税率的描述性统计分析

利用 5.5 边际税率估值方法，本章计算出 2005—2009 年各年对应公司的边际税率，在进行深入分析之前，本书首先对 2005—2009 年各公司的边际税率进行描述性统计分析，通过描述性统计分析让我们对我国 2008 年税改前后边际税率的变化有直观的了解，为下文的分析奠定基础。

表 5-2　国有企业和非国有企业 2005—2009 年各公司边际税率的描述性统计

	企业性质	均值	标准差	0%~5%	5%~10%	10%~15%	15%~20%	20%~25%	25%~30%	30%~33%
2005年	1	16.937 4%	13.778 78%	37.1%	0%	27.7%	0.9%	0.3%	0.9%	33.3%
	0	13.167 3%	13.825 50%							
2006年	1	16.666 6%	13.787 60%	38.9%	0.6%	25.9%	0.9%	0.6%	1.7%	31.7%
	0	12.346 2%	13.760 79%							
2007年	1	17.794 8%	13.376 52%	33.9%	0.9%	27.8%	2.3%	2.5%	0.8%	32.3%
	0	12.864 8%	13.333 77%							

表5-2(续)

	企业性质	均值	标准差	0%~5%	5%~10%	10%~15%	15%~20%	20%~25%	25%~30%	30%~33%
2008年	1	14.555 8%	10.965 72%	36.5%	0.3%	23%	4.8%	35.6%	0%	0%
	0	11.546 7%	11.065 59%							
2009年	1	14.671 8%	10.534 21%	34.5%	1.2%	23.5%	5.4%	35.8%	0%	0%
	0	11.685 8%	10.962 83%							

注:企业性质"1"代表国有企业,"0"代表非国有企业,共有 243 家国有企业,134 家非国有企业。"0%~5%"表示边际税率在此区间的比例,其他依次类推,若总和不是 100%,则是由四舍五入形成的误差引起的。

从表 5-2 可以看出,在 2005—2009 年之间,国有企业的边际所得税率均高于非国有企业的边际税率,这可能是由于非国有企业有很强的动机进行盈余管理,而国有企业与非国有企业相比较,则相对缺乏盈余管理的动机,非国有企业则通过调整应税所得在不同年份的分布,进而影响边际税率造成的。因此在下文的分析中,实证检验国有企业和非国有企业边际税率是否显著不同,同时探讨存在的原因以及对企业融资的影响则是研究的关键环节;在 2005—2007 年边际税率主要分布在 0%~5%、10%~15% 和 30%~33% 之间,而在 2008 年和 2009 年,边际税率主要分布在除 0%~5%、10%~15% 之间,另外则集中分布在 20%~25% 之间,这主要是因为我国实行的是比例税制,且在 2008 年经过企业所得税法改革之后,将企业所得税税率由 33% 降至 25%,这才导致在 2008 年以后,有约三分之一的公司边际所得税率下降至 25% 附近。这说明税制改革在整体上不仅降低了公司的法定执行税率,而且公司所面临的边际税率同样由于比例税率的下降而下降。但是下降是否显著则有待于进一步的检验。而另外两块则集中在 0%~5% 和 10%~15% 之间,集中在 0%~5% 则主要是由于企业应税所得在不同年份出现亏损,亏损向后结转,造成众多年份应税所得为 0 或者在 0 附近,实际上应税所得可能为负,但是由于我国取消了税收补贴,所以即使应税所得为负,其面临的边际税率也不会是负,而只能为 0,从而导致部分公司面临的边际税率集中在 0%~5% 之间。部分企业的边际税率集中在 10%~15% 之间,这主要是由于我国对企业的政策性引导很强,对符合国家政策的企业给予税收的优惠,规定这部分企业的法定执行税率在 15%,这就导致这部分企业的边际税率集中分布在 15% 左右。

从表 5-3 观察可知，不同规模的企业的边际税率在 2005 年、2007 年和 2009 年均相差不大，在 2006 年和 2008 年则出现较大的差距，但是初步观察可知企业规模对企业的边际税率影响并不十分明显，也即企业规模与企业的边际税率关系不大，这可能是我国特殊的比例税率造成的。因为在累进税率的情况下，规模大的企业每年应税所得通常会高于规模小的企业，这会对企业面临的边际税率产生极大的影响，而在我国特殊的比例税制条件下，应税所得的多少对边际税率的影响基本上为零，因为我国对所有的收入征收同一比例的税收，这就使得企业规模对边际税率的影响基本上不存在了。

表 5-3　不同规模企业 2005—2009 年各公司边际税率的描述性统计

	企业性质	均值	标准差	0~5%	5%~10%	10%~15%	15%~20%	20%~25%	25%~30%	30%~33%
2005年	1	15.609 8%	13.932 73%	37.1%	0%	27.7%	0.9%	0.3%	0.9%	33.3%
	0	15.150 0%	13.608 34%							
2006年	1	15.199 0%	13.850 23%	38.9%	0.6%	25.9%	0.9%	0.6%	1.7%	31.7%
	0	13.800 0%	15.371 20%							
2007年	1	16.070 4%	13.570 30%	33.9%	0.9%	27.8%	2.3%	2.5%	0.8%	32.3%
	0	15.468 0%	13.644 63%							
2008年	1	13.379 1%	11.104 42%	36.5%	0.3%	23%	4.8%	35.6%	0%	0%
	0	15.156 3%	10.893 69%							
2009年	1	13.551 6%	10.748 00%	34.5%	1.2%	23.5%	5.4%	35.8%	0%	0%
	0	14.506 3%	11.451 02%							

注："1"代表资产规模大于或等于 400 000 000 的公司即大公司，"0"代表资产规模小于 400 000 000 的公司即中小公司，样本中共有大规模公司 355 家，中小公司 20 家。"0%~5%"表示边际税率在此区间的比例，其他依次类推，若总和不是 100%，则是由四舍五入形成的误差引起的。

表 5-4　不同行业企业 2005—2009 年边际税率描述性统计表

统计量	2005 年	2006 年	2007 年	2008 年	2009 年	样本数
A 标准偏差	0.157 43	0.164 317	0.151 807	0.133 507 5	0.119 101 2	12
A 平均值	16%	15%	17%	14%	14%	
B 标准偏差	0.134 722	0.090 1	0.073 485	0.040 825	0.102 062	6
B 平均值	28%	29%	30%	23%	21%	
C 标准偏差	0.142 533	0.141 063	0.138 106	0.109 752 2	0.106 549 2	236
C 平均值	15%	14%	16%	13%	12%	

表5-4(续)

统计量	2005 年	2006 年	2007 年	2008 年	2009 年	样本数
D 标准偏差	0.145 651	0.145 651	0.138 051	0.119 813	0.113 522	15
D 平均值	15%	15%	14%	11%	13%	
E 标准偏差	0.119 933	0.108 092	0.076 968	0.117 473	0.108 748	8
E 平均值	20%	18%	16%	16%	16%	
F 标准偏差	0.116 354	0.129 904	0.129 904	0.106 211	0.099 441	17
F 平均值	18%	18%	18%	17%	19%	
G 标准偏差	0.092 659	0.091 695	0.093 727	0.089 569	0.089 434	24
G 平均值	9%	8%	10%	8%	10%	
H 标准偏差	0.125 921	0.145 005	0.137 161	0.106 384	0.092 837	17
H 平均值	22%	21%	21%	18%	20%	
J 标准偏差	0.086 603	0.086 603	0.190 526	0.112 398	0.125 831	3
J 平均值	5%	5%	11%	12%	13%	
K 标准偏差	0.137 962	0.135 425	0.137 962	0.109 434	0.109 524	14
K 平均值	21%	20%	21%	18%	18%	
L 标准偏差	0.165 227	0.165 227	0.165 227	0.125 831	0.144 338	3
L 平均值	16%	16%	16%	13%	17%	
M 标准偏差	0.131 345 3	0.136 083 4	0.129 620 6	0.111 802	0.106 963	20
M 平均值	16%	15%	14.37%	14%	15%	

注：A 农、林、牧、渔业；B 采掘业；C 制造业；D 电力、煤气及水的生产和供应业；E 建筑业；F 交通运输、仓储业；G 信息技术业 H 批发和零售贸易；I 金融、保险业；J 房地产业；K 社会服务业；L 传播与文化产业；M 综合类。行业划分依据证监会标准进行划分。

从表5-4观察可知，从2005年到2009年，除房地产业边际税率整体呈上升趋势外，其他各个行业均在整体上呈现下降趋势。另外，从2007年到2008年边际税率的变化情况来看，除房地产业边际税率略有上升，建筑业保持不变外，其他各个行业都出现了不同程度的下降，这与第四章采用实际税率进行分析所得出的结论基本上是一致的，这表明国家开始对建筑业和房地产产业由支持逐渐转为抑制，这从我国经济的现状可以获知。同时从表中还能看出，在我国，企业的边际税率还受其所处的行业的影响，但这种影响主要是来自政策层面上的，与企业的经营状况并无密切的关系。

从以上三表的分析可以看出，对我国企业边际税率产生影响的两大主要因素是：一、国家规定的法定比例税率及相关税收优惠政策，这些政策的确定主要是根据国家发展战略和经济社会发展的需要，对不同企业制定不同的适用税率，这是对我国边际税率产生影响的一大主要因素；二、企业的经营状况即企业每年应税所得的多少，其中应税所得为负时影响最大，通过向后递延可以直接降低企业所面临的边际税率，但是这是以企业经营状况恶化为代价的，直接会影响到企业后续的融资能力，尤其是通过银行融资的能力。因此就我国的企业而言，应该根据国家的发展战略调整自己的发展战略，尽可能争取国家的税收优惠，而尽量避免"盈余管理"来调整边际税率，减少盈余波动对企业声誉和债务融资能力的影响。

5.6.2　边际税率相关性检验

从 5.6.1 的描述性统计分析可以发现，自 2008 年企业所得税法改革以来，从不同角度对企业的边际税率进行分析，整体上企业的边际税率在下降，但是这种变化显著吗？而同时在我国实行比例税制的特殊国情条件下，边际税率与法定执行税率有多大相关度，这对以后研究企业融资决策时选择税收的替代变量至关重要。因为如果法定执行税率和边际税率有很强的相似度，则我们完全可以使用法定执行税率来替代，这样就可以在大大简化研究复杂程度的同时，获得有效的研究结论，具有十分重要的现实意义。

本节采用配对样本均值检验来分析 2008 年企业所得税法改革以来公司所面临的边际税率是否发生显著性变化。本节将 2007 年的边际税率与 2008 年的边际税率、2008 年与 2009 年的边际税率、2006 年与 2007 年的边际税率和 2007 年与 2009 年边际税率分别进行配对分析。这样就可以比较充分地验证在样本期内，2008 年税制改革是否引起边际所得税率的显著性变化，且这种显著性变化是否具有持续性，即是否引起了边际税率的永久性变化。配对检验的分析结果如下表 5-5 所示：

表 5-5　　　　　　　　　边际税率配对样本 t 检验分析结果表

配对检验	均值	标准差	95%置信区间的		T 值	自由度	Sig.
			下限	上限			
2007—2008	2.564 45%	9.027 06%	1.647 83%	3.481 06%	5.501	374	0.000
2008—2009	-0.092 74%	6.929 80%	-0.797 34%	0.611 87%	-0.259	373	0.796
2007—2009	2.478 57%	11.259 23%	1.333 76%	3.623 38%	4.257	373	0.000
2006—2007	-0.913 89%	6.978 92%	-1.622 54%	0.205 25%	-1.536	374	0.062

注：Sig. 值为 t 检验双尾概率，"2007—2008"代表 2007 年边际税率的平均值减去 2008 年边际税率的平均值，其他类推；"均值"为各年度边际税率均值之差。

从表 5-5 的各年度边际税率配对样本 t 检验分析结果可得，2008 年边际税率与 2007 年边际税率均值之差为 2.564 45%，均值 t 检验值为 5.501，对应的双尾概率 Sig. 为 0.000 拒绝原假设，说明在显著性水平为 5% 的条件下，样本内公司 2007 年边际税率和 2008 年边际税率存在显著性差异，同时 95% 置信区间的下线大于 0，也进一步证实了 2007—2008 年样本内公司的边际税率发生显著性变化，平均下降 2.564 45 个百分点。这表明我国 2008 年的税制改革对样本内公司的边际税率产生了显著性的影响，因此就税制改革最初的目的来说，达到了降低企业所得税税收负担的目的。但是这种影响是短暂的还是长期的，本节通过对 2008 年和 2009 年边际税率的配对比较进行分析，从表 5.5 中可以发现，2008 年和 2009 年样本内公司面临的边际税率均值之差是 -0.092 74%，均值 t 检验值为 -0.259，对应的双尾概率为 0.796 接受原假设，表明在显著性为 0.05 的条件下，2008 年和 2009 年各公司面临的边际税率没有显著性差异，这也就证明了 2008 年税制改革对边际税率的影响持续到了 2009 年；同时 2007 年和 2009 年边际税率的配对检验证明了 2009 年边际税率和 2007 年存在显著性差异，这从侧面也反映了 2008 年税制改革的影响持续到了 2009 年，2009 年的边际税率并没有回归到 2007 年的水平，因此从样本数据的检验结果来看，2008 年税制改革的影响是具有持续性的。但是 2007 年与 2008 年样本内公司面临边际税率的差异，是否是由于 2006 年或者以前的因素引起的呢？这里为了证明 2008 年税制改革影响的有效性，本节检验了 2006 年和 2007 年样本内公司边际税率的差异情况，结果表明 2006 年和 2007 年公司的边际税率在显著性水平为 0.05 的情况下，均值配对 T 检验接受原假设，也即认为在显著性水平为 0.05 的情况下，两年的边际税率不存在显著性差异，也就是说 2006 年及其以前并没有发生影响边际所得税率的重大因素，这从另一个方面说明 2008 年税制改革影响的主导性。

因此从上文的分析和实证检验可以证明，2008 年税制改革是引起边际税率发生显著性变化的主导性因素，2008 年的税制改革对我国企业的融资条件和环境产生了重大的影响，因为法定执行税率的下降，一方面降低了企业整体的税收负担，提高了企业经营的积极性并增强了企业的盈利能力；但是从另一方面来说企业的边际税率也随之降低，企业债务融资的"税盾效应"也随之下降，这将会对企业的资本结构产生深远的影响。依据经典的税收理论，不考虑其他因素的变化，在可以预见的未来，企业将会缓慢地增加股权融资的比例，而降低企业债务在资本结构中的比重。

5.6.3　边际税率与法定执行税率的相关度及有效性分析

从上文的分析，可以发现边际税率的变化是由于法定税率由33%下调至25%引起的，又因为我国实行的是比例税率，它区别于美国等西方国家所采用的累进税率。从理论上分析，在企业利润大于0的情况下，企业每增加1元钱的边际税率是和法定税率相等的，也即在企业利润大于0的情况下，企业的边际税率和法定执行税率相等。因此本书假设："在我国特殊的比例税制国情条件下，法定所得税税率对企业边际税率具有很高的替代性，即法定所得税税率与边际所得税税率存在很高的相关度"。

在以上假设的基础上，本书利用SPSS17.0对法定所得税税率和边际所得税税率进行相关度检验。检验结果见下表5-6所示。

表5-6　　法定所得税税率和边际所得税税率相关度检验结果表

	相关系数	Sig.
2005 年法定和边际税率	0.408	0.000
2006 年法定和边际税率	0.397	0.000
2007 年法定和边际税率	0.437	0.000
2008 年法定和边际税率	0.254	0.000
2009 年法定和边际税率	0.312	0.000

注：相关系数为 pearson 相关系数，Sig. 值为 T 检验双尾概率，"2005 年法定和边际税率"是指 2005 年的边际税率和 2005 年的法定税率的相关分析情况，其他类推。

从表5-6法定所得税税率和边际所得税税率相关度检验结果可以看出，虽然2005—2009年各年的相关系数，在显著性水平为0.01的情况下均通过了检验，但是相关系数均小于0.5，这表明边际税率和法定执行税率之间的相关度较弱。也表明"在我国特殊的比例税制国情条件下，法定所得税税率对企业边际税率具有很高的替代性，即法定所得税税率与边际所得税税率存在很高的相关度"的假设是不合理的。这主要是由于企业应税所得为负造成，当企业所得税为负时增加1元企业边际税率仍然为零，这就会导致企业的边际税率为0，因为我国法律规定应税所得为负时可以不用交税，同时还可以向后递延，用以后的利润进行弥补，这样就对以后数年的边际税率都产生较大的影响，从而导致边际税率和法定执行税率产生较大的差异。

在前文的理论分析中，认为边际税率比法定执行税率对债务融资具有更强的解释力，但是在实际研究中边际税率和法定执行税率哪一个具有更好的适用性和研究的有效性呢？下面本书将分别对边际税率和法定执行税率与公司的债务融资进行回归，试图通过回归观察各变量对公司债务融资的解释程度和显著程度，回归分析结果如下表5-7所示。

从表5-7可以看出，在法定执行税率与债务融资额的回归中，除2005年外，其他四年法定税率的R值均小于边际税率的拟合优度，同时F值检验的概率P大于0.05，在显著性为0.05的情况下，没有通过检验。因此可以认为法定执行税率和债务融资额的回归模型是不合理的，法定执行税率对公司的债务融资不具有解释力。而边际税率和法定执行税率相比其拟合优度相对要高，同时2006、2007、2008连续三年模型整体的F值检验在0.05的水平下通过了显著性检验，实证结果表明，边际税率对公司的债务融资额具有一定程度的解释力。综上所述，可知与法定执行税率相比，边际税率具有相对较好的解释力。

表5-7　　边际税率和法定执行税率与公司的债务融资回归分析表

模型	税率类型	R	F 值	Sig.
2005	边际税率	0.013	0.061	0.805
	法定执行税率	0.134	6.869	0.009
2006	边际税率	0.133	6.706	0.010
	法定执行税率	0.009	0.031	0.861
2007	边际税率	0.154	9.045	0.003
	法定执行税率	0.018	0.128	0.721
2008	边际税率	0.165	10.43	0.001
	法定执行税率	0.012	0.057	0.812
2009	边际税率	0.017	0.107	0.744
	法定执行税率	0.083	2.616	0.107

注：模型"2005"是指一元线性回归，其他年份类推；税率类型则是指边际税率与债务融资额的一元回归和法定执行税率与债务融资额的一元回归。Sig. 值为模型整体F检验的双尾概率值。R为拟合优度的平方根。

5.6.4　边际税率与实际税率的有效性分析

5.6.3分析了边际税率和法定执行税率的相关度及有效性，但是法定执行税率是公司在税法规定的情况下所负担的理论上的税率，而公司实际承担的税负即实际税率是公司承担的平均税率。虽然对公司来说，每年的实际税率都会存在差异，但是它能更真实地反映公司的税负水平，边际税率在理论上可能对公司融资具有更强的解释力。但是不容忽视的特殊国情就是：我国实行的是比例税制，边际税率在很多情况下就是平均税率，也就是说如果边际税率和实际税率存在很强的相关性，在实证检验中使用实际税率替代边际税率将会在不降低有效性的情况下，大大简化研究的复杂程度具有十分重要的现实意义。利用统计软件计算出边际税率和实际税率的相关数据如下表5-8所示。

从表5-8观察可知2005—2009年各年度的边际税率和实际税率之间的相关很低，均未超过0.5，且2007年和2009年两年的边际和实际税率之间的相关系数并未通过显著性检验。这表明边际税率在实际研究中并不能使用实际税率进行替代。在分析了两者之间的相关性之后，下文将进一步地探讨两者对债务融资的解释程度及有效性哪一个更优。本书使用统计软件构建一元回归模型分别对2005—2009年的边际税率与债务融资额和实际税率与债务融资额进行回归，其结果如下表5-9所示：

表5-8　　实际所得税税率和边际所得税税率相关度检验结果表

	相关系数	Sig.
2005年实际和边际税率	0.336	0.000
2006年实际和边际税率	0.142	0.006
2007年实际和边际税率	0.032	0.535
2008年实际和边际税率	0.166	0.001
2009年实际和边际税率	0.071	0.169

注：相关系数为pearson相关系数，Sig.值为T检验双尾概率，"2005年法定和边际税率"是指2005年的边际税率和2005年的法定执行税率的相关分析情况，其他类推。

表5-9　　边际税率和实际税率与公司的债务融资回归分析表

模型	税率类型	R	F值	Sig.
2005	边际税率	0.013	0.061	0.805
	实际税率	0.019	0.081	0.061
2006	边际税率	0.133	6.706	0.010
	实际税率	0.118	7.119	0.030
2007	边际税率	0.154	9.045	0.003
	实际税率	0.212	10.057	0.001
2008	边际税率	0.165	10.43	0.001
	实际税率	0.148	9.850	0.007

表5-9(续)

模型	税率类型	R	F 值	Sig.
2009	边际税率	0.017	0.107	0.744
	实际税率	0.147	8.237	0.004

注：模型"2005"是指一元线性回归，其他年份类推；税率类型则是指边际税率与债务融资额的一元回归和实际税率与债务融资额的一元回归。Sig. 值为模型整体 F 检验的双尾概率值。R 为拟合优度的平方根。

从表 5-9 的回归分析结果表观察可知，实际税率与边际税率相比其拟合优度相对较高，且各年的回归模型表明，实际税率对负债融资的显著性更明显。这说明实际税率与边际税率相比，其对债务融资额的解释程度相对较高，或者存在更加明显的线性关系，即与债务融资额存在明显的因果关系。因此综合 5.6.3 和 5.6.4 的分析，本书可以认为边际税率与法定执行税率、实际税率相比，优于法定执行税率，但弱于实际税率，可见边际税率对公司的债务融资具有一定的解释程度，对公司的资本结构具有一定的影响力，也就是说公司在进行债务融资决策的时候，可以考虑边际税率，这从实证的角度证明了前面理论假设的正确性。

但是表 5-8 和表 5-9 不仅仅证明了边际税率弱于实际税率，优于法定执行税率，观察边际税率与债务融资的拟合优度会令人惊奇地发现，所有的拟合优度的平方根均小于 0.2，换言之所有的拟合优度均小于 0.04，也就是说边际税率对公司各年的债务融资额的解释程度均小于 4%，其他 96% 的部分是由其他因素进行解释的。因此公司在实际决策时候很少或者基本上不考虑边际税率，这主要是我国实行特殊比例税制造成的。因此在实际研究和企业决策中，边际税率虽然理论上具有相对的优越性，但是因为所得税比例税率的存在，使其在运用中受到限制。

5.7　本章小结

本章基于理论分析和实证研究，得出以下四个结论：

（1）公司的个别所得税税负水平及节税动机是可以用边际税率来度量的；

（2）相对于企业所得税法定执行税率，边际税率是测度和表征所得税税负和节税动机的较好替代变量；

（3）边际税率对企业的债务融资决策具有较弱的影响，本章通过边际税率反映了企业税负在不同行业、不同时间段、不同规模企业之间的差别，反映了中国 2008 年企业所得税法改革前后上市公司所得税税负水平的变化；

（4）中国的企业在进行实际债务融资决策时，边际税率弱于实际税率，优于法定执行税率，加之所得税比率税率的存在，所以很少会使用边际税率，因为边际税率对债务融资额的解释力度很小。

我们的研究，为解决经典资本结构理论的分歧和实证检验的难题提供了适合于中国税制体系的合理的代理变量，也为国家的公司所得税税制设计和公司的债务融资决策，提供了更科学合理的视角和操作思路。基于以上的分析，我们在这里向国家有关部门提出相关建议：为了更好地发挥企业所得税在调节收入，维护社会公平上的作用，建议国家相关部门将我国企业所得税现行的比例税率，改为累进税率。这一方面能激励企业更好地优化其资本结构，提高企业资本运营效率；另一方面也能更好地维护社会的公平。

6 上市公司所得税税盾价值研究

从财务的视角，企业所得税在一般人的心目中是不利的，它是应税企业的部分净收入上缴政府部门，对公司是一种非常明显的资金单向流出，因此，企业无不想尽办法以合法的节税方式来减少这方面无谓的损失。但是当得知负债融资可获得税盾效果时，学者们对它产生了高度的兴趣，并以所得税税制变革为契机，探寻、研究税盾的真实价值。自从 Modigliani 和 Miller（1958，1963）发表开创性的资本结构无关定理及其补充理论以来，众多学者对上述问题进行了大量的理论及实证方面的研究。

6.1 所得税与税盾价值

债务融资、外部股权融资和内部留存收益融资一起，构成企业融资的三种主要模式。基于传统的财务学理论，企业进行债务融资最基本的动机是负债融资比权益融资成本更低，它通过提高企业权益资本收益率，进而提高公司价值。进一步来说，税盾（Tax Shield）效应就是将扣税额从应税收入中扣除，产生降低所得税的效应，简单来说，可以产生避免或减少企业所得税税负作用的工具或方法。

6.1.1 债务税盾

1958 年，Modigliani 和 Miller 提出了资本结构无关论，他们主张公司在一定条件下，公司价值、加权平均资金成本与资本结构无关，其假设是不存在公司所得税，然而这种假设是与现实环境不一致的，因此引起了其他学者的争论。于是 Modigliani 和 Miller（1963）放宽假设条件将公司所得税纳入考量因素后计算出公司债务融资所带来的节税利益，主张公司应百分之百地举债经营可获得公司价值最大化。Miller（1977）又将个人所得税纳入模型后，发现债务利息带来的在公司所得税层面上的节税利益会被个人所得税的劣势所抵消，其研究结论反而支持 MM 理论（1958）的主张。

税盾包括债务税盾和非债务税盾。按照 MM 理论，债务税盾是指由于债务利息在所得税前支付，从而可产生更多净利润的抵税作用。在中国，按照会计准则和税法的规定，企业对债权人支付的利息可以在所得税前扣除，而股利分配则不可以税前扣除，只能税后分配。由于债务成本（利息）在税前支付，而股权成本（利润）在税后支付，因此企业如果要向债权人和股东支付相同的回报，两者需要产生的利润并不相同。例如，设企业所得税率30%，利率10%，企业为向债权人支付 100 元利息，由于利息在税前支付，则企业只需产生 100 元税前利润即可（假设企业完全是贷款投资）；但如果要向股东支付 100 元投资回报，则需产生 100÷（1-30%）= 143 元的税前利润（假设企业完全为股权投资），因此"税盾效应"使企业负债融资相比股权融资更为便宜。由于负债利息税前扣除的存在，企业可以通过改变其负债融资比例，进而改变其净利润和公司价值。

作用效果相反的一面，企业的负债策略同时也必须考虑个人所得税的因素。如果作为债权人（比如债券持有人）缴纳的个人所得税比权益持有人（比如股票持有人）缴纳得更多，那么即使发行债券能够产生公司层面的税收优势，对于个人投资者也不会有太大的吸引力。

6.1.2 非债务税盾

企业的固定资产折旧、无形资产摊销及长期待摊费用摊销等均可在所得税前列支，它们同债务利息一样具有抵税作用，通常称这类虽非负债但同样具有抵税作用的因素为"非债务税盾"，非债务税盾的存在也会影响公司的负债策略。已经有研究发现，非债务税盾的相对数额较大的公司将采用相对较少的债务。如 De Angelo 和 Masulis（1980）提出除了债务税盾利益外，还有折旧、无形资产摊销等非债务税盾（Non-Debt Tax Shield）的因素。其他如 Kim 和 Sorensen（1986），Mackit-Mason（1980），Graham（1999）的实证研究也发现非债务税盾与资本结构呈负相关。

上述文献中只探讨税盾与资本结构之间的关系，并未指出税盾的真实价值。Green 和 Hollifield（2003）[①] 计算出所得税有利于公司在负债里获得节税的利益，Kemsley 和 Nissim（2002）[②] 实证发现当公司负债接近 40% 时债务税盾可增加 10% 的公司价值。因此，本章以我国 A 股上市公司为实证研究对象，依据 MM 理论的思路去证明税盾在我国上市公司的真实价值。

本章需要解决的问题是：中国企业的债务税盾到底为企业增加了多大价值？债务的税盾利益是否影响企业的债务融资乃至整个融资结构决策？如果影响，影响程度有多大？企业利用税盾时受到哪些因素的制约？由于时至今日，在中国的实证研究中，学者们的研究结论还不一致，因此，有必要对这些问题做进一步的研究。

6.2 税盾价值模型构建

本章的研究方法是对 MM（1963）定理一的模型做验证，在假定负债不会引起财务危机成本、没有个人所得税的影响、实行单一的企业所得税税率。加入所得税后的修正模型为：

$$V_L = V_U + \gamma D \tag{6-1}$$

其中，VL 代表公司的市值，等于权益的市值加负债的市值，V_U 代表未举债公司的市值，γ 代表每一元负债的节税利益，D 代表负债的市值。MM 假设负债是无限期的，更进一步的定义 V_U：

$$V_U = E(FOI)/\rho \tag{6-2}$$

$E(FOI)$ 代表公司长期平均税后未来营业净利的期望值（目前很多文献中使用"EBIT×（1-所得税率）"公式进行计算），EBIT 是税前息前利润，ρ 代表 $E(FOI)$ 的资本化率，它在风险增加时会相应增加。在 MM 模型里，$E(FOI)$ 是全部预期未来营业净利的总和，因此，它可以获得在预期净利里的成长。

本章认为，加入负债、个人所得税和非债务税盾（比如折旧）的非税成本在某种程度上会影响对 V_U 和 γ 的解释。实务中，负债的财务危机成本通常会降低预期未来的营业获利，根据公式（6-2），V_U 会降低。γ 代表因负债而衍生的净税利益，就某些公司来说，非债务税盾或许会减少 γ 的价值。

---

① Green R C, B Hollifield. The Personal-Tax Advantages of Equity ［J］. Journal of Financial Economics, 2003 (67)：175-216.

② Kemsley D, D Nissim. Valuation of Debt-Tax Shield ［J］. Journal of Finance, 2002 (57)：2045-2073.

把公式（6-2）代入公式（6-1）可得到：

$$V_L = E(FOI)/\rho + \gamma D \qquad (6-3)$$

将公式（6-3）移项整理后，得到：

$$E(FOI) = \rho(V_L - \gamma D) \qquad (6-4)$$

根据上式推导，本书认为，公式（6-3）和（6-4）的方法对验证债务税盾的价值是两种互补的方法。

6.2.1 总价值分析法

将公式（6-3）改写成回归模型去估算债务税盾的价值：

$$V_L = \alpha_1 + \alpha_2 E(FOI)/\rho + \alpha_3 D + \varepsilon \qquad (6-5)$$

α_3 代表净负债税盾的估计值，但是 $E(FOI)$ 和 ρ 是无法直接观察出的变量，因此必需使用替代变量。Fama-French（1998）[①] 使用三因子模型（简称 FF 理论）曾尝试验证债务税盾的价值，他们以公司价值为因变量，并以利息费用来取代负债，另外以未来预期营业盈余和资本化率作为控制变量，经过实证，他们基本上断定，不可能发现足以取代适宜的预期未来收益和确定 ρ 的风险及成长的因素。如果控制变量是不适当的，则债务税盾的估计值是一个错误值，并对使用这种方法去估算债务税盾的前景表示不乐观。

如果使用公式（6-5）进行实证分析，至少会有两个基本问题是难以克服的。第一，负债与公司价值的关系可能与几个非税的因素有关（例如，$E(FOI)$、ρ），包括成长、财务危机、信号传递和规模范围。如果负债与 $E(FOI)$ 或者 ρ 在非税的范围内相关，我们将尝试对这个相关性进行控制，因此 α_3 将是一个带有偏差的净负债税盾的估计值。第二，在对 ρ 进行控制时，如果使用公司价值为因变量，可杜绝净值市价比的使用（该指标是易变的），这一关键的限制是因为净值市价比对风险的一个共同的取代是易变的。在此条件下，营业的净值市价比反映的是有关预期未来营业盈余与当前净值的关系，因此以营业盈余取代预期成长更为合适。

6.2.2 现金流分析法

以总价值分析法为参考依据，将公式（6-4）改写成现金流回归模型，去估算债务税盾的价值：

---

① Fama E F, K R French. Taxes, Financing Decisions, and Firm Value [J]. Journal of Finance, 1998: 53.

$$E(FOI) = \alpha_1 + \alpha_2\rho(V_L - \beta D) + \varepsilon \tag{6-6}$$

β 代表负债税盾的估计值。与公式（6-5）不同的是公式（6-6）的参数是非线性的。因此它适合的公式是使用非线性最小平方方法或者是把公式（6-6）改写成线性公式。本章比较支持公式（6-6），主要因为此回归模型可以从负债获得较大的赋税利益，并以较低的预期营业盈余去证明当前公司的市场价值。

虽然该公式受它自身非线性的设限影响，但公式（6-6）提供两个有利的条件超过公式（6-5）。第一，公式（6-5）的结果是负债税盾的估计值，有很大误差并会导致不一致，假如对 $E(FOI)$ 在实证上的取代有任何的衡量误差，其实证结果就会难以令人信服。反之，公式（6-6）唯一的结果是偏差的估计值在衡量误差范围时是与负债有关联的。因为将 $E(FOI)$ 移到公式左边，并以 $E(FOI)$ 取代因变量可转移衡量的误差，可使回归的残差项获得误差的随机成分。另一方面，此处的市场价值（V_L）是在公式（6-6）的右边，因此 $E(FOI)$ 可以控制着全部的市场信息，包括有关成长前景的信息、财务危机的成本、管理的力量、规模，或者是获利与负债两者之间的关系等（包括资本结构的影响因素）。第二，移动 V_L 到公式的右边，可提高对 ρ 所包含的市场信息的使用，这是克服总价值分析法的一个关键的限制。

尽管公式（6-6）有优势，但关于预期未来的获利现金流分析法，会要求市场效率保证 V_L 对所有可获得的非税信息的控制。在 V_L 内的任何误差可能会造成估计值的偏差。反之，总价值分析法在 V_L 内的随机误差将不会造成估计值的偏差。现金流分析法也要求对预期未来获利使用单独的取代，而总价值分析法允许研究者对于预期获利使用较多潜在的控制变量。

6.2.3 实证模型构建

下面以公式（6-5）和（6-6）为线性实证分析模型进行分析。第一个实证以公式（6-5）为基础，我们的回归估计模型如下：

$$V_L/TA = \alpha_1 + \alpha_2 FOI/TA + \alpha_3 D/TA + \varepsilon \tag{6-7}$$

变量中以 FOI 取代 $E(FOI)$，TA 是总资产，在此，本章将 ρ 视为一个常数，因此这里不包含任何有关资本化率的特别控制。

在公式（6-7）里，我们依据 FF 理论的方法，以总资产去除全部公式两边回归变量，其表现是除了截距项外，其余变量去除以总资产。如果所有变量均以总资产去整除，其公式如下：

$$V_L/TA = \alpha_1/TA + \alpha_2 FOI/TA + \alpha_3 D/TA + \varepsilon \tag{6-8}$$

使用不除截距项与整除截距项实质上是有明显区别的。因为不除截距项，实际上是把公式（6-5）的变量转换成比率的形式。反之，以总资产为权重平除整个公式以观察对样本的影响。每种方法皆会导致一个潜在且显著的偏差。在公式（6-7）里自变量和因变量是以比率的形式取代，因此偏差发生的程度是 FOI/TA 对 V_U/TA 的一个不完全控制，以及 V_U/TA 与 D/TA 的相关性。例如，根据融资啄序理论，高价、有获利的公司会比低价、无获利的公司少使用负债。这一推理会影响公式（6-7）的使用。

在公式（6-8）里，偏差发生的程度是 FOI 对 V_U 一个不完全的替代，以及 V_U 与 D 的相关性，这偏差有可能是同向的，因为 D 和 V_U 两个在规模里是增加的。因此，公式（6-7）的结果可能有潜在的更大偏差，公式（6-8）可能是偏差受到一定限制的实证分析过程。

假定总价值分析法有潜在的偏差，也同时考虑现金流分析法。仍旧把 ρ 视为一个常数，我们把非线性公式（6-6）改写成线性公式：

$$FOI/TA = \alpha_1/TA + \alpha_2 V_L/TA + \alpha_3 D/TA + \varepsilon \qquad (6-9)$$

在公式（6-9）里以总资产去除截距项及全部的回归变量。该公式与公式（6-8）相比较，除了把 FOI 和 V_L 的角色对调外，其他外在形式上无区别。但一个关键的问题在于，现金流分析法可转变 FOI 的回归残差项里任何随机误差的影响，以及 V_L 在公式的右边对有关预期未来盈余可从负债获得任何非税的信息得以控制。例如，V_L 对规模效果的控制可能的偏差来自公式（6-8）负债税盾的估计值。

总价值分析法去除截距项的公式（6-8）可能估计的偏差是 V_L 对规模效果的控制，总价值分析法不除截距项的公式（6-7）可能估计的偏差是 V_L 未对规模效果的控制。然而，在现金流分析法使用不除截距项，会引入一个新的偏差来源。实际上，FOI 在会计原理里的构成是不完全的，因此它在衡量经济上预期的收入是有误差的。如果 FOI 在会计衡量的误差是与任何的自变量相关，则全部回归的系数通常会产生偏差。当我们在公式（6-9）使用去除截距项时，在 FOI 里会计衡量的误差应当绝大部份与公司市值和负债净值产生交集。无论如何，使用未平减截距项（等于 TA/TA）实质上就如同平减物价指数，既以总资产平减最原始的公式［MM（1963）］，不同于其他自变量，总资产可能与 FOI 在会计衡量的误差有关，因为总资产等于过去全部营业净利和净投资的加总，因此偏差的估计系数应会与这些有关联。国内外实证发现使用不除截距项会增加债务税盾的估计值，大大超过我们上述模型的估计值（存在不合理的因素），因此本章将聚焦在去除截距项的说明及实证上，比如公式（6-9）。

6.3 税盾存在性的实证研究

6.3.1 研究样本的选取

本章研究数据主要来自深圳国泰安技术信息有限公司的上市公司财务数据库和股票市场交易数据库。

在需要统计利润收益等指标走势时，数据年份越多越好。本章样本的选取原则与第 5 章相似，具体程序是：①上市公司上市年限相对较长，至少能够提供 5 年的年报数据，即选取 2000 年以前上市的公司（取得样本数据时，样本公司至少已上市 5 年）；②剔除金融类企业，因为金融类企业的资本结构有其特殊性；③不考虑研究期间退市或 ST 的公司；④不考虑同时发行 B 股的上市公司，以确保样本数据的可比性；⑤力求所选取样本的所得税率分布情况接近上市公司的总体情况。

按照上述原则，我们在 A 股上市公司中选取了与前面各章相同的 377 家上市公司。然后，我们将对 377 家上市公司在 2005—2009 年间各年的债务税盾情况进行分析，共 1 885 个样本。

6.3.2 变量的定义与衡量

（1）公司价值 $V_L = MVS + D + PS$ （6-10）

公司的市值（V_L）等于普通股的市值（MVS）加负债（D）及非流通股的价值（PS）。

关于上市公司的市场价值，普通股的市值是将流通在外的股数乘以会计年度终了最后一个交易日的每股收盘价格；由于中国存在大量的非流通股，而市价反映的是流通股的价格，本章采用了一个近似的上市公司市场价值的计算方法：

流通股股数×当年收盘价格+负债总额+净资产账面价值×（非流通股股数/总股数）

（2）未来营利 $FOI_t = \sum_{t=1}^{i} OI_i/3$ （6-11）

未来营利（FOI）是以当年之后 3 年的平均已实现营业净利润（OI）。在营业盈余上要求未来三年的信息是要获得一个成长的趋势，若仅是使用当年的营业净利是不能获得这种趋势的，因此与未来各期所获得的信息相比较，FOI 可获得大部分预期未来的财务危机成本，但也限制样本公司不会面临破产，且更进一步的限制财务危机成本对其的影响。这一点是非常重要的，因为任何预期财务危机成本在衡量期间会往后延伸，使我们在衡量未来营利（FOI）时会产生误差，以及对 γ 的估计也会有潜在的偏差，除了这个范围外，我们对 ρ 的取代是可获得这些预期成本的。当然，尽管有上述的优势，要求未来 3 年的信息仍然会有偏差的存在。

本章所界定的营业净利（Operating Income（OI））变量是以息税前利润（EBIT）和该年的法定执行税率 t 为基础，数值等于息税前利润（EBIT）乘于（1 − t），这与 MM 理论的定义是一致的。本研究以横断面的回归去估计债务税盾的价值，且 t 在横断面里是一个常数（即某一年的法定执行税率）。

（3）净营运资产 $NOA = TA - OL$ (6−12)

净营运资产（NOA）为总资产的账面价值（TA）扣除营业负债（OL）。移除营业负债的主要目的是本章只衡量因有息负债而产生的资产，且营业负债不会引起直接可扣抵税赋的利息费用，该计算方法是呼应 MM（1963）的主张。

（4）营业负债 $OL = CL - NDL$ (6−13)

营业负债（OL）等于流动负债（CL）扣除非营业负债（NDL）。非营业负债为不属营业负债的会计科目（非营业负债即短期有息负债），例如短期借款、一年内到期的长期负债及其他流动负债。

（5）负债 $D = (CL - OL) + LL$ (6−14)

本章界定的负债（D）的账面价值是将流动负债（CL）加长期负债（LL），但不包括营业负债（OL）。这样就会将负债界定在可直接扣抵税赋的利息费用的有息负债上。因为我们对负债（公司的市值）的定义是将营业负债移除主要是呼应 MM（1963）的主张（$V_L = V_U + \gamma D$）。

由于使用负债的市值来衡量公司的市值（V_L）时会产生误差，因此本章以负债的账面价值来取代它的市值。衡量流通在外的总负债时，负债的市值与账面价值之间的差异其实是很小的，这与 MM 所主张的这类型误差不可能对偏误具有足够且系统性的估计，然而这偏差本质上是存在的，实证结果的解释也是相符的。

6.3.3　描述性统计

从描述性统计表 6−1，可以看到每个变量的总体分布情况。公司的市值为平均总资产账面价值的 6.969 7 倍、净营运资产为平均总资产账面价值的 61.73%；而扣除营业负债后的有息负债占平均总资产账面值的 23.20%、营业负债为平均总资产账面值的 38.27%；未来营利为现有资产规模的 4.001 6 倍。

表 6-1　　　　　　　　　　描述性统计表

	均值	标准差	方差	极小值	极大值
公司价值 V_L/TA	6.969 7	249.318 3	62 159.614	0.615 0	11 822.975 2
未来营利 FOI/TA	4.001 6	185.069 7	34 250.799	−2.208 1	8 785.150 7
净营运资产 NOA/TA	0.617 3	3.997 4	15.980	−1.417 1	0.990 8
营业负债 OL/TA	0.382 7	3.997 5	15.980	0.071 2	102.717 8
负债 D/TA	0.232 0	4.002 1	16.017	0.091 2	142.717 7

表 6-2 和表 6-3 提供两个皮尔森（Pearson）关系的分析，表 6-2 是未完全整除总资产的相关分析，与公式（6-7）是一致的。表 6-3 是完全整除总资产的相关分析，与公式（6-8）、公式（6-9）、公式（6-10）是一致的。不管完全整除总资产与否，公司市值（V_L）与未来营利（FOI）皆呈现正相关，表示它包含着有关营业价值的重要信息。在未完全整除总资产的分析里，所有的变量之间皆呈正相关，这是可以预料的，因为所有的变量皆在公司规模内增加。

在完全整除总资产的分析里，负债与未来营利之间是负相关，这并不令人意外，因为根据融资啄序理论，高负债公司预期的成长会比低负债公司预期的成长低，或者是高价值获利的公司可能会比低价值不获利的公司少使用负债。

表 6-2　　　　　　相关性分析（未完全整除总资产）

	V_L	FOI	NOA	OL	D
V_L	1				
FOI	0.809	1			
NOA	0.821	0.793	1		
OL	0.635	0.659	0.744	1	
D	0.561	0.550	0.829	0.010	1

表 6-3　　　　　　相关性分析（完全整除总资产）

	V_L	FOI	NOA	OL	D
V_L	1				
FOI	0.301	1			
NOA	0.047	−0.116	1		
OL	−0.047	0.116	1.000	1	
D	0.250	−0.186	0.130	0.130	1

实证分析开始以公式（6-7）做回归估计，先不考虑截矩项。这与 FF 理论使用的方式是一致的，因为利用 FF 的方法加入了许多潜在且重要的控制变量，本章研究的资料在使用 FF 的方法下必须简化样本规模。尽管与 FF 存在一些不同，本章所得到的实证结果实际上与 FF 的实证结果是相同的，净负债税盾平均的估计值（α_3）不论是 Panel A、B 或者 C 皆是一负向的估计值且统计上皆是显著的，如表 6-4 所示。

净负债税盾这一负向的估计值反映出负债与公司价值是一个负向的非税关系（例如代理成本、破产成本会随负债增加而抑制公司价值的提升）。因此根据融资啄序理论，高负债公司的成长机会比低负债公司的低，或者是高价值获利的公司比低价值不获利的公司少使用负债。如果未来营利在衡量未来预期获利与成长上没有误差，则这非税的因子应可控制，如果未来营利在衡量上有误差，则这非税因子的偏差即是负债系数的估计值。

表 6-4　　　　　　　　　　模型 6-7 回归结果

变量	α_1	α_2	α_3	R^2	F 值
Panel A　税改前样本回归					
系数	1.376	1.000	-12.284	0.228	3.25
t 值	5.384	18.03	-67.572		
Sig.	0.000	0.000	0.000		
Panel B　税改后样本回归					
系数	1.359	-0.351	-1.351	0.299	7.578
t 值	13.915	-14.7	-61.92		
Sig.	0.000	0.000	0.000		
Panel C　全部样本回归					
系数	1.733	1.351	-0.351	0.257	5.329
t 值	8.772	12.45	-30.813		
Sig.	0.000	0.000	0.000		

接着以公式（6-8）做回归估计分析，全部变量去除以总资产。使用这一公式，主要是想要厘清负债与公司价值两者之间在规模上的正相关。实证结果与本章所分析的是一致的：估计的负债（D）系数（α_3）值，不论是 Panel A、B 或者是 C 对公司价值皆是一正向的估计值，且统计上皆是显著的，如表 6-5 所示。

表 6-5   模型 6-8 回归结果

变量	α_1	α_2	α_3	R^2	F 值
Panel A	税改前样本回归				
系数	0.548	6.746	1.210	0.956	21.15
t 值	24.378	49.309 2	20.56		
概率值	0.000	0.000	0.000		
Panel B	税改后样本回归				
系数	0.318	5.972	2.103	0.930	21.17
t 值	1.721	55.83	46.86		
概率值	0.000	0.000	0.000		
Panel C	全部样本回归				
系数	0.272	1.295	3.148	0.963	12.80
t 值	5.440	31.58	16.60		
概率值	0.000	0.000	0.000		

    下面将公式（6-8）反转移项成公式（6-9）。将 V_L 移到公式的右边，作为对来自负债的非税信息（例如代理、破产成本）的控制，该变量包括规模效果在公式（6-8）里的偏差。实证结果与我们预期的是一致的，净负债税盾的估计系数值（β）不论是 Panel A、B 或者 C 皆是正向的估计值，且统计上皆是显著的，具体结果如表 6-6 所示。

表 6-6   模型 6-9 回归结果

变量	α_1	α_2	α_3	R^2	F 值
Panel A	税改前样本回归				
系数	-.279	.184	0.109	0.998	12.84
t 值	-35.544	31.162	5.905		
概率值	0.000	0.000	0.000		
Panel B	税改后样本回归				
系数	-1.537	.725	1.528	0.995	8.440
t 值	-40.260	16.47	42.146		
概率值	0.000	0.000	0.000		

表6-6(续)

变量	α_1	α_2	α_3	R^2	F 值
Panel C 全部样本回归					
系数	.131	4.593	1.382	0.905	9.201
t 值	9.503	88.106 37	25.738 3		
概率值	0.000	0.000	0.000		

通过上面的实证分析，我们得到以下结论：

（1）从描述性统计表6-1可以看到，公司的市值为平均总资产账面价值的6.969 7倍、净营运资产为平均总资产账面价值的61.73%；而扣除营业负债后的有息负债占平均总资产账面价值的23.20%、营业负债为平均总资产账面价值的15.27%；未来营利为现有资产规模的4.001 6倍。

（2）利用皮尔森（Pearson）进行相关性检验，发现不管它是否完全整除总资产，公司市值与未来营利皆呈现正相关。而当整除总资产时，负债与公司市值及未来营利之间皆是负相关。

（3）在未去除规模因素前，净负债税盾的估计值不论是税改前、税改后或者全部样本，皆是一负向的估计值，这负向的估计值反映出负债与公司价值是一个负向的非税关系（例如代理成本、破产成本会随负债增加而抑制公司的价值，非税因素导致负债未发挥税盾的正向价值）。

（4）去除规模因素后，模型6-8、模型6-9估计的债务税盾系数平均值不论是税改前、税改后或者全部样本，对公司价值皆是一正向的估计值，显示负债与公司价值两者之间在规模上是正相关的。

（5）将 V_L 移到公式的右边，作为对来自负债的非税信息（例如代理、破产成本）的控制。净负债税盾平均的估计值不论是税改前、税改后或者全部样本，皆是一正向的估计值，与我们预期的是一致的。

本研究使用横断面回归去估计债务税盾的价值，力求分解负债与公司营业价值之间的关系。实证后，本研究发现负债对公司价值是一个正向函数。换言之，负债与公司的价值在规模上为正相关，即实证的结果估计净负债税盾可增加公司的价值是真实的，虽然2008年企业所得税进行了税改，但负债的税盾价值在税改前后都是存在的，这与Kemsley和Nissim（2002）是一致的。公司可以因负债而在所得税上获得利益，这与Green和Hollifield（2003）的结论是一致的。

6.4 税盾收益及其计量

下面基于上述分析和王志强（2006）的研究，在对我国企业的债务税盾价值进行了估计之后，检验 2007 年和 2008 年税改前后，我国企业的债务税盾收益。

6.4.1 变量设计

（1）因变量

以公式（6-8）、（6-9）实证分析的因变量为税盾价值计量分析的因变量，具体包括：

①公司价值 V_L，其计算公式是：流通股股数 × 当年收盘价格 + 负债总额 + 净资产账面价值 ×（非流通股股数／总股数）。

②未来营利 FOI，是以当年之后 3 年的平均已实现息税前利润（$EBIT$）乘于（$1-t$），其中 t 是当年的法定执行税率。

这两个变量的计算与上面叙述一致。

（2）税盾因素指标

①债务税盾

企业的所得税税率有法定执行税率、实际税率和边际税率之分。法定执行税率即依据税法规定实际实施执行的税率。实际税率代表企业实际负担的税收水平，其不仅考虑到各种税收优惠政策的实际效应，而且其数值可直接通过企业财务报表数据计算而得。在衡量债务税盾指标时，实际税率不仅包含了税收优惠政策的影响，同时反映了债务税盾影响之后的结果。如果上市公司融资行为的税盾效应存在，一方面上市公司在融资时会在面临较高税负时提高债务比率；另一方面也可能会通过提高债务比率，充分发挥债务税盾效应，以达到降低应纳所得税额的目的。

另外，边际所得税率反映了在目前的盈利水平下，当应税所得增加 1 元时所要多支付的所得税。当企业发生亏损时，我国税法规定这部分亏损可以用以后年度实现的利润弥补，这就造成了企业当年的边际税率往往并不等于企业的法定执行所得税率，其边际所得税率会受到以前年度亏损（最多 5 年）的影响，也可能受到以后年度盈利的影响。例如，假设企业在 t 年发生亏损，如果该亏损不允许用以后年度实现的利润来弥补，那么，该企业在 t 年的边际所得税率就为零；如果亏损允许用以后年度实现的利润来弥补，且该企业在 t +1 年度至 t + 5 年度的盈利总额大于 t 年度的亏损，则 t 年度增加债务所产生的税盾就会体现在以后年度，边际所得税率就会大于零；另外，虽然企业在 t 年度盈利，但在 t-1 年度的亏损额大于 t 年度的盈利额，则 t 年度的边际所得税率将小于该企业在 t 年度的法定执行税率。

理论上最合理的债务税盾计算方法是 Graham（2000）使用债务税盾收益曲线的方法进行计算。该方法的计算程序是：首先计算债务为零没有利息扣除情况下的边际所得税率，接着计算一下在当期实际利息的20%情况下的边际所得税率，然后再计算在当期实际利息40%、60%⋯⋯等情况下的边际所得税率，并且以假设的债务利息的倍数为横坐标，以计算出的对应利息倍数下的边际税率为纵坐标，将估算的点连接起来，就得到债务税盾的收益曲线（即边际税率函数曲线）。随着利息费用慢慢地不断增加，税前利润总额逐步地由正变负，债务税盾收益也将逐渐地由水平变成向下倾斜，边际所得税率也开始下降，并最终变为零。当边际所得税率开始下降，债务税盾收益曲线由水平开始向下倾斜的这个转折点称为税盾拐点。但是由于我国企业所得税采用的是比例税率而不是累进税率，边际税率使用的科学性受到质疑。

本章以上市公司的当年有息债务规模与当年法定执行税率的乘积表示当年债务税盾价值规模，以有息债务税盾价值占公司总资产价值的比重表示债务税盾价值的相对大小。本章公司有息债务的计算方法为：短期借款+一年内到期的长期负债+长期借款+应付债券。

②非债务税盾

企业可折旧资产的变化、无形资产的摊销，以及折旧政策加上所得税政策的变化等因素都会对公司实际可利用的税盾价值产生影响。本章以当年固定资产折旧、无形资产的摊销总额之和与当年法定执行税率的乘积，表示当年该企业的非债务税盾价值规模，以非债务税盾价值占公司总资产价值的比重表示非债务税盾价值的相对大小。

（3）影响公司价值的其他因素

企业价值除了与债务税盾、非债务税盾等税收因素有关外，还会受到很多非税收因素的影响，如破产成本和代理成本等。现根据 Graham（2000）的分析，将公司价值的非税收影响因素简要分析如下：

①财务破产成本

根据权衡理论，当预期企业的财务破产成本很高时，企业就会借入较少的债务，因为定期的偿还本金和支付利息会增大企业陷入财务困境的概率。

Altman（1968）提出了预期财务困境的 Z-Score 模型，他首先对留存收益、运营资金、利息收入、销售收入以及市场与账面价值比这五个财务指标采用不同的权重进行综合，然后用综合后的值占总资产的比来表示 Z-Score。Z-Score 值越小表示企业破产的可能性越大。1990 年，Mackie-Mason（1990）对 Altman 的 Z-Score 模型进行了修正，修正后的模型为：Z 值＝（3.3×息税前利润+销售收入+1.4×留存收益+1.2×净营运资本）/资产总额①。本章采用 Mackie-Mason（1990）修正后的 Z-Score 模型来计算企业的破产成本。这是一事前指标，用来计量财务困境发生的概率。

②投资成长机会

当企业拥有较高的成长性和极佳的投资机会时，公司价值将更高。Myers（1977）认为，当一个公司有很好的成长机会时，公司股东一般不愿意通过发行债券来融通资金，以避免债权人分享公司的投资收益。公司投资所需资金可通过短期债务融资（Titman & Wessels，1988）或者发行可转换债券（Jensen & Meckling，1976）来解决。Rajan 和 Zingales（1995）通过实证研究也发现在成长机会和企业价值之间存在一种负相关关系。

对于公司的成长机会的衡量，Titman 和 Wessel（1988）② 用资本性支出、研发支出来衡量成长机会，而 Graham（2000）在他们的基础上还增加了广告费用支出占销售收入比例这样一个衡量指标，但具体数据不容易准确获得。相对于以上指标，托宾 Q 值是运用较多的一个。本章也通过托宾 Q 值来表示上市公司的成长机会。

③管理层防御

管理者防御是指经理人在公司内、外部控制机制下，选择有利于维护自身职位并追求自身效用最大化的行为。

管理者可能会选择保守的负债政策来使得自己的效用函数最大化，而不是使得股东价值最大化。Jensen（1986）③ 指出，由于按期偿还固定的债务利息和本金会减少公司的"自由现金流"，使得公司的管理层在使用资金时受到一定的控制；若公司举债较少，公司的自由流动资金就相对较多，经理就能用这

---

① Mackie-Mason, J. K.. Do Taxes affect corporate financing decisions?. Journal of Financial Economics, June/September 1990（6）：235-255.

② Titman S, Wessels R. The determinants of capital structure choice, Journal of Finance, 1988（43）：1-19.

③ Jensen M C. Agency costs of free cash flow, corporate finance, and takeovers, American Economic Review, 1986（76）：323-329.

些自由现金投资于一些自己感兴趣的项目，尽管这些项目可能会给公司带来负的净现金流量。这种基于委托代理问题所导致的现象被称为"管理层防御"。对于盈利能力强、自由现金流多的企业来说，激进的债务政策可以限制管理层防御，从而减少公司的代理成本。由于负债能减少股东与经理的利益冲突，减少代理成本，从而形成了债务融资的好处。通常用企业高层管理人员拥有的本企业股票或股票期权来衡量管理层防御，在理论上，企业高层管理人员拥有的本企业股票或股票期权越多，管理层防御的效应就越小，企业的债务杠杆就越高，企业价值就越高。在实证研究中，Berger，Ofer 和 Yermack（1997）表明了二者的正相关关系，而 Friend 和 Lang（1988）的研究结果却与之相反。

在我国的上市公司中，一个非常普遍的现象就是管理者持有本公司的股权非常少。Samuel Huang 和 Frank Song（2002）通过对我国 1 035 家上市公司实证研究发现：所有管理层（包括董事、监事和高级经理层）所拥有自己公司的股权比例的均值是 0.017%，因此中国上市公司的管理层效应可能很高，其代理成本可能也很高。在这里，我们用高级管理人员所拥有的本公司股权比例来反映管理层防御的影响。管理层防御假说认为负债的保守程度与管理者拥有的股权比例有负相关关系。

④盈利能力和流动性

当企业盈利能力较强时，其资产的流动性也会相应提高，企业所面临的财务困境成本就减少，这时企业应该较多地使用负债以增加公司价值。同时，企业的盈利能力强、流动性高，企业的信誉就好，企业就会相对容易地举借债务。借鉴前人的研究成果，本章以资产收益率来表示企业的盈利能力，以流动比率来衡量企业的流动性。

⑤企业规模

当公司规模较大时，它们在借入债务时往往面临较低的信息成本。而且大公司的财务困境成本往往也较低，因为他们的业务更加多样化或者规模大到足以度过财务困境的程度。

从信息不对称理论来看，当企业规模较大时，它能向贷款人及外部投资者提供更多的信息，其不对称信息常常会比小企业少。因此，大企业应该较多地使用权益融资，而较少地使用债务杠杆。

另一方面根据资本结构权衡理论，规模较大的企业由于经营多元化，拥有相对较多并稳定的现金流，它相比于小企业而言，其破产成本要小得多，因此企业规模应该同公司价值正相关。国内外很多的实证研究如 Harris 和 Raviv（1991）① 也都发现公司市值随着公司规模的增大而提高，另外 Booth 等（2001）也发现在发展中国家，企业规模同公司价值具有正相关关系。

通常以销售收入或总资产的自然对数来表示企业规模，在 Titman 和 Wessels（1988）、Rajan 和 Zingales（1995）、Ozkan（2001）等实证研究中，以企业销售收入的自然对数来说明企业规模，而洪锡熙和沈艺峰（2000）用的是总资产的自然对数。本章也采用总资产的自然对数来说明企业规模。

⑥资产担保

如果企业拥有的有形资产占企业总资产的比重较高时，企业就能相对容易地进行债务融资（负债安全理论），因为有形资产相比于无形资产更安全，尤其是当企业破产时，有形资产的价值通常会大大高于无形资产的价值，这些有形资产就可以作为抵押品，从而减少债权人承担债务代理成本的风险。因此，当企业有形资产所占的比重较高时，它就很可能也具有较高的负债率。Harris 和 Raviv（1991）通过实证研究也发现企业的资产负债率与有形资产占企业总资产的比重是一种正相关关系。

在参考 Cloyd，Limberg and Robinson（1997）等人研究成果的基础上，本章将企业资产担保价值的衡量指标定义为：（固定资产+存货）/总资产。

（4）个人所得税因素

Graham（2000）、Kemsley 和 Nissim（2002）在计算债务税盾利益时都对个人所得税的影响进行了计算或估计，Graham（2000）的实证结果表明个人所得税的影响是明显的，使税盾价值占公司价值的比率从不考虑个人所得税时的 9.7%下降到了考虑个人所得税影响后的 4.3%。Kemsley 和 Nissim（2002）也认为个人所得税会抵消一部分债务税盾利益，但抵消的影响程度很有限。在我国，计算个人所得税对公司债务税盾收益的影响要比国外复杂得多，在国外，上市公司付出的利息费用大部分是债券利息，债券持有人按个人利息收入纳税，由于我国资本市场还欠发达，企业在进行债务融资时基本上都是向银行贷款，因此企业的绝大部分利息费用是付给银行，国家向银行按 6%~8%的营业税对这部分利息收入征税；而对于个人投资者从上市公司取得的股息或红利收入，名义税率虽然仍是 20%，但却按其收入的 50%计入个人的应纳税所得额，因此，对股息和红利征收个人所得税时，其实际税率是 10%。综合以上分析，笔者认为个人所得税对债务税盾的影响程度将很小，同时鉴于量化个人所

---

① Harris M，Raviv A. The theory of capital structure，Journal of Finance，1991（46）：297-335.

得税因素的困难，所以本章税盾收益的计算沿用王志强（2006）的思路，暂不考虑个人所得税因素的影响。

在本节部分，尽管我们分析了公司价值的各个影响因素，并设计了各种影响因素的代理变量。但本书的重点在于债务税盾和非债务税盾对公司价值影响的计量。各变量定义如下表：

表 6-7   **变量定义表**

	变量名称	变量代码	变量定义
被解释变量	公司价值	V_L/TA	公司价值与总资产的比值
	未来营利	FOI/TA	未来营利与总资产的比值
税盾变量	债务税盾	DTS	当年带息债务规模与当年法定执行税率的乘积，与总资产的比值
	非债务税盾	NDTS	当年固定资产折旧、无形资产的摊销总额之和与当年法定执行税率的乘积，与总资产的比值
控制变量（ConVars）	财务破产成本	FRISK	Z 值 =（3.3×息税前利润+销售收入+1.4×留存收益+1.2×净营运资本）/资产总额
	投资成长机会	GROWTH	托宾 Q 值
	管理层防御	MANAGEMENT	管理者拥有的股权比例
	盈利性	ROA	息税前利润/年末资产总额
	流动性	CURRENT	流动比率
	公司规模	SIZE	年末资产总额的自然对数
	资产担保	WARRANT	（固定资产+存货）/总资产

6.4.2　数据分析

6.4.2.1　各项指标的描述性统计

从表 6-8 可以看出，债务税盾价值的平均值为 5.99%，非债务税盾的平均值为 6.6%。可见，从均值角度，非债务税盾的作用要略强于债务税盾。一般来说，上市公司可折旧的固定资产以房屋建筑和机械设备为主，再加上无形资产的摊销，表明我国上市公司在折旧和摊销上有足够的动机去抵减应税利润，体现了上市公司对非债务税盾的利用。另外，非债务税盾的标准差高于债务税盾，表明不同的上市公司，其各自的非债务税盾水平的分布情况并不均匀，存在较大程度的差异。

在各项指标中，FOI/TA 的标准差最大，高级管理人员持股比例的标准差最小。这一方面表明我国资本市场中管理层持股水平普遍较低，而且各公司之间管理层持股规模差异不大，但各公司间的市场估值水平差异却比较大，这与我国证券市场正处于成长转型期有关。

代表公司盈利能力的资产收益率的标准差也较大。其原因在于我国投资者对公司市场价值的评价很大程度上依赖于包括市场热点新闻、资产重组、成长预期、热门概念等在内的题材型影响，而非盈利能力，这也体现了我国股票市场的定价体制不完善，投机的氛围比较浓烈。

表 6-8　　　　　　　　描述性统计

	全部样本均值	极小值	极大值	标准差
FOI/TA	18.525 1	0.615 0	11 822.974 8	433.336 6
V_L/TA	0.336 1	−14.171 78	0.990 9	6.936 8
债务税盾	0.059 9	0.000 0	0.779 3	0.058 4
非债务税盾	0.066	0.000 0	0.534	0.55
财务破产成本	1.257 2	−80.159 15	21.841 20	31.615 9
托宾 Q 值	18.006 2	0.494 5	116.659 404	42.568 93
高级管理人员持股比例	0.000 9	0.000 0	0.367 9	0.014 8
国有股比例	0.266 4	0.000 0	0.914 8	0.221 2
资产收益率	32.218 0	−1.031 5	235.097 686	85.658 32
流动比率	1.414 0	0.007 0	29.850 3	1.672 8
公司规模	21.583 1	10.842 2	25.404 1	1.291 6
资产担保	0.284 1	0.000 0	0.812 1	0.182 9

无论税改前，还是税改后，上市公司高级管理人员平均持股水平都很低，依据 Jensen（1986）的观点，意味着会存在较高的委托代理成本。见表 6-9、表 6-10 及图 6-1：

表 6-9　　　　　　　　税改前样本描述性统计

	全部样本均值	极小值	极大值	标准差
FOI/TA	3.954 4	0.651 5	605.038 0	31.237 8
V_L/TA	0.385 7	−123.022 3	0.990 9	6.410 0
债务税盾	0.064 0	0.000 0	0.546 0	0.058 9
非债务税盾	0.069	0.000 1	0.053 4	0.59
财务破产成本	2.182 7	−13.827 7	218.412 0	11.437 9
托宾 Q 值	3.487 1	.6 129	48.101 90	24.698 2
高级管理人员持股比例	0.000 6	0.000 0	0.167 3	0.008 8

表6-9(续)

	全部样本均值	极小值	极大值	标准差
国有股比例	0.283 9	0.000 0	0.914 8	0.225 8
资产收益率	20.058 2	−0.859 4	75.873	39.075 0
流动比率	1.435 3	0.008 1	29.850 3	1.936 5
公司规模	21.572 1	14.158 1	25.346 4	1.224 6
资产担保	0.282 0	0.000 0	0.760 4	0.180 8

表 6-10 税改后样本描述性统计

	全部样本均值	极小值	极大值	标准差
FOI/TA	33.095 8	0.615 0	11 822.974 8	612.098 4
V_L/TA	0.286 6	−141.717 8	0.978 7	7.434 8
债务税盾	0.055 8	0.000 0	0.779 3	0.057 6
非债务税盾	0.063	0.000 0	0.042 0	0.51
财务破产成本	0.331 8	−801.591 5	166.893 9	43.235 1
托宾 Q 值	32.602 7	0.494 5	11 665.940 4	60.235 6
高级管理人员持股比例	0.001 1	0.000 0	0.367 9	0.019 0
国有股比例	0.248 8	0.000 0	0.805 3	0.215 3
资产收益率	62.377 8	−1.031 5	235.098	1 210.813 8
流动比率	1.392 7	0.007 0	12.962 6	1.361 3
公司规模	21.594 0	10.842 2	25.404 1	1.356 9
资产担保	0.286 2	0.000 0	0.812 1	0.185 3

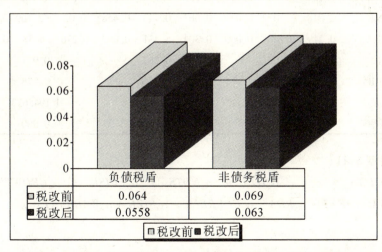

图 6-1 税改前后税盾价值（债务税盾与非债务税盾）变动图

很明显，2008 年税改之后，无论是债务税盾，还是非债务税盾，其对公司价值的影响都呈下降趋势。这主要是由于企业所得税税法的变革：因为新企业所得税法的实行，使得企业的法定税率从 33% 直接降至 25%，税盾价值降低，从而使得税盾价值占公司价值的比重出现比较明显的回落。

6.4.2.2　实证结果分析

通过以下模型及表 6-11、表 6-12 来验证债务税盾价值、非债务税盾及其他因素与公司价值的关系。

模型 6-10：

$$V_L/TA = \alpha_0 + \alpha_1 DTS + \alpha_2 NDTS + \alpha_3 FRISK + \alpha_4 GROWTH + \alpha_5 MANAGEMENT + \alpha_6 ROA + \alpha_7 CURRENT + \alpha_8 SIZE + \alpha_9 WARRANT + \varepsilon$$

表 6-11　　　　　　　　模型 6-10 实证分析结果

	（1）全部样本			（2）税改前样本			（3）税改后样本		
	系数	t 值	Sig.	系数	t 值	Sig.	系数	t 值	Sig.
Intercept	1.923	10.771	0.000	0.48	2.47	0.014	1.753	9.399	0.000
DTS	0.672	3.257	0.001	1.162	3.66	0.000	0.691	4.649	0.000
NDTS	4.109	2.132	0.333	-1.881	-1.04	0.299	1.784	0.799	0.425
FRISK	0	-0.451	0.652	0.001	1.158	0.248	0	-0.913	0.362
GROWTH	-0.261	-72.649	0.000	0.004	0.307	0.759	-0.27	-88.801	0.000
MANAGEMENT	-0.783	-1.506	0.132	-1.379	-1.65	0.100	-0.641	-1.472	0.142
ROA	0.696	6.893	0.000	0.372	3.729	0.000	0.571	5.203	0.000
CURRENT	0.039	7.737	0.000	0.025	5.974	0.000	0.048	6.932	0.000
SIZE	0.018	-2.072	0.039	0.007	0.743	0.458	0.02	-2.169	0.031
WARRANT	0.219	3.871	0.000	0.304	5.431	0.000	0.276	4.58	0.000
R^2	0.921			0.263			0.977		
Adj R^2	0.919			0.236			0.976		
F 值	664.308			9.856			1 194.633		
概率	0.000			0.000			0.000		

模型 6-11

$$FOI/TA = \alpha_0 + \alpha_1 DTS + \alpha_2 NDTS + \alpha_3 FRISK + \alpha_4 GROWTH + \alpha_5 MANAGEMENT + \alpha_6 ROA + \alpha_7 CURRENT + \alpha_8 SIZE + \alpha_9 WARRANT + \varepsilon$$

表 6-12   **模型 6-11 实证分析结果**

	（1）全部样本			（2）税改前样本			（3）税改后样本		
	系数	t 值	Sig.	系数	t 值	Sig.	系数	t 值	Sig.
Intercept	4.212	9.08	0.000	-0.068	-0.257	0.797	3.664	7.896	0.000
DTS	-0.649	-1.21	0.227	-0.034	-0.13	0.896	-0.602	-0.968	0.334
NDTS	20.571	4.107	0.000	4.046	1.64	0.102	9.577	1.725	0.086
FRISK	0	0.264	0.792	0	-0.349	0.727	0	0.437	0.662
GROWTH	0.167	17.945	0.000	1.034	57.218	0.000	0.135	17.849	0.000
MANAGEMENT	-0.446	-0.33	0.741	0.286	0.251	0.802	-0.485	-0.448	0.655
ROA	0.804	3.065	0.002	0.009	-0.066	0.008	0.27	0.99	0.023
CURRENT	0.013	0.969	0.333	-0.004	-0.722	0.471	-0.016	-0.96	0.338
SIZE	0.048	-2.108	0.035	-0.003	-0.269	0.788	0.047	-2.008	0.046
WARRANT	0.541	-3.683	0.000	0.191	-2.502	0.013	0.388	-2.59	0.010
R^2	0.749			0.972			0.779		
Adj R^2	0.745			0.971			0.772		
F 值	170.952			953.712			100.889		
概率	0.000			0.000			0.000		

下面对模型 6-10 与模型 6-11 的回归结果进行分析，具体包括：

（1）债务税盾对公司市场价值 V_L 无论税改前，还是税改后，均显著正相关。实证结果如表 6-11 所示，全部样本 DTS 变量的估计系数为 0.672，税改前 DTS 变量的估计系数为 1.162，税改后 DTS 变量的估计系数为 0.691，且均在 1% 水平下显著正相关，债务税盾的变化方向与公司价值的变动方向一致，这说明债务税盾的增加（或减少）也会带来公司价值相应的增加（或减少）。而且税改后税盾价值对公司市场价值的作用在降低，很明显，这符合我们的预期。由于法定税率的降低，导致大多数公司实际执行税率乃至于实际税负的下降。

一方面，公司税负变化会影响到公司的市场价值，我们通过实证结果证明了所得税税制改革（税率变化）带来的公司价值变动预期影响到了公司在资本市场上的表现。这与国外的实证研究结论是一致的——税制改革带来的税负下降会带来显著的股价提升效应（Downs & Hendershott，1987；Givoly & Hayn，1991）。另一方面，由于总体实际税负的降低，使得债务税盾价值的作用在降低，虽然债务税盾相对公司市场价值仍然是显著的，但系数已经从税改前的 1.162 降低至税改后的 0.691。

债务税盾对以现金流为基础的公司价值 FOI 则不显著，而且呈负相关。因为从现金流的视角，企业发展乃至价值创造，不仅仅要考虑日常经营成本的现金流出，更要关注自身的财务状况和债务清偿能力，即保持资金链的有序流动和债务的适度规模，由此使得企业债务税盾对公司价值的敏感系数降低，只有在现金流流转的合理范围内，企业才会考虑负债融资的税盾效应。

（2）非债务税盾对以现金流为基础的公司价值 FOI 显著正相关，而对公司市场价值 V_L 相关性不显著。非债务税盾（如固定资产折旧、无形资产摊销、长期待摊费用的摊销等）的存在，使得公司也能达到与债务税盾类似的所得税减免的目的。与债务税盾不同，公司计提折旧的固定资产，计提摊销的无形资产一般都是投入到生产经营过程之中，不会产生闲置的成本。与此同时，由于折旧和摊销费的核算，既冲减税前利润但又不导致现金流出，因此，非债务税盾的使用实质上是补充企业的现金流。具体来说，折旧和无形资产摊销属于非付现成本，在计算现金流量时，可增加企业的现金流量，改善企业的经营状况和现金净流量，从而带来公司价值的提升。与债务税盾相比较，虽然债务融资也可以改善公司现金流，但是需要财务费用等成本，而且负债筹资活动所产生的现金流只能在短期内改善公司财务状况，如果公司经营活动和投资活动不能及时产生足额的现金流，企业的整体现金流将会面临恶化的风险。

（3）企业破产风险与公司价值的关系不显著，而且系数基本为零。这说明显示上市公司财务困境成本的 Z 值 同公司价值显著不相关，这与 Graham（2000）的实证结果也不一致，说明企业破产风险不是影响我国上市公司价值的主要因素。

（4）成长性：企业的成长性同公司价值显著正相关，说明公司成长性越好，无论是否存在税盾效应，其对公司价值均带来正面影响。这与陆正飞和辛宇（1998）、洪锡熙和沈艺峰（2006）的研究结论一致。

（5）公司收益与流动性：盈利能力、流动性同公司价值显著正相关，说明流动性高的、盈利能力强的公司更容易受到市场的热捧和公司价值的提升，这同 Graham（2000）的实证结果一致。但是，Booth 等（2001）、Samuel Huang 和 Frank Song（2002）的实证发现中国或其他发展中国家，盈利水平越高，其债务水平就越低，即债务政策越保守，本章尚无法予以证明。

（6）规模与资产担保：规模因素表现出在 5% 的水平下显著正相关关系（总样本和税改后样本显著），资产担保表现出在 1% 或 5% 的水平下显著正相关关系（总样本和税改前、后样本均显著），表明规模越大，资产担保比率越高，公司抵御风险的能力就越强，公司价值就越高。这与王志强（2006）、Samuel Huang 和 Frank Song（2002）等的研究结论一致。

另外，管理层防御因素不显著，由于样本中存在高级管理人员持股比例很少的现象，其对公司价值的影响并不明显。

6.5 本章小结

本章以 MM（1963）的模型作验证，根据 2008 年企业所得税税制的变革，探寻了税盾效应的存在及其对公司价值的影响，并得到以下结论：

（1）"税盾效应"使企业负债融资相比股权融资更为便宜。由于负债利息税前扣除的存在，企业可以通过改变其负债融资比例，进而改变其净利润和公司价值。

（2）以公式 $V_L = V_U + \gamma D$ 和 $V_U = E(FOI)/\rho$ 为出发点，通过逻辑推理，建立了总价值分析法和现金流分析法的税盾价值模型。

（3）通过实证横断面回归估计负债税盾的价值，检验负债与公司价值之间的关系。实证后，发现负债对公司价值是一个正向函数。换言之，负债与公司的价值在规模上为正相关，即实证的结果估计净负债税盾可增加公司的价值是真实的，虽然我国 2008 年企业所得税进行了改革，但负债的税盾价值在税改前后都是存在的，这与 Kemsley 和 Nissim（2002）研究结果是一致的。

（4）通过税盾收益实证检验，发现公司税负变化会影响到公司的市场价值，实证结果证明了所得税税制变革（税率变化）带来的公司价值变动预期影响到了公司在资本市场上的表现。但从现金流的视角，企业发展乃至价值创造，不仅仅要考虑日常经营成本的现金流出，更要关注自身的财务状况和债务清偿能力，即保持资金链的有序流动和债务的适度规模，由此使得企业债务税盾对公司现金流价值的敏感系数降低，只有在现金流流转的合理范围内，企业才会考虑负债融资的税盾效应。

非债务税盾（如固定资产折旧、无形资产摊销、长期待摊费用的摊销等）的存在，使得公司也能达到与债务税盾类似的所得税减免的目的。与债务税盾不同，公司计提折旧的固定资产，计提摊销的无形资产一般都是投入到生产经营过程之中，不会产生闲置的成本。与此同时，由于折旧和摊销费的核算，既冲减税前利润但又不导致现金流出，因此，非债务税盾的使用可实质上补充企业的现金流量。具体来说，折旧和无形资产摊销属于非付现成本，在计算现金流量时，可增加企业现金流量，改善企业的经营状况和现金净流量，从而带来公司价值的提升。

7 企业所得税对我国上市公司
负债融资决策影响的实证研究

7.1 研究背景

本章在第6章税盾价值研究结论的基础上，进一步探讨所得税对企业资本结构决策尤其对负债融资的影响。

7.1.1 研究立足点

在税收的有关理论和实践中，税收负担自税收产生以来一直都是一个非常重要的问题，它是一个国家税收政策和税收制度的核心内容，因为政府只有取得足够的税收收入才能切实地履行其职能，以便更好地促进整个国家的经济发展。在我国，国家的主要财政收入来源于企业缴纳的税金，企业实际税负水平的高低对于其自身做大做强起着关键性的作用，因此公司实际税负成为涉及国计民生最尖锐、最敏感的问题。

目前，国内外针对税收负担进行研究的专著还不太多，但大部分与企业税收有关问题的研究最终往往都会归结为税收负担问题，因此，对税收负担问题做进一步的研究与探讨就显得尤为必要。在西方一些发达国家，有关税收负担的理论研究和实证分析早已进入到了量化研究阶段，尤其针对公司实际税率ETRs（EffectiveTax Rates）的研究越来越细致、越来越深入，这些研究成果为政府制定税收政策和税法提供了强有力的参考依据，也为企业制定相关的经济政策提供了科学、合理的思路。

现有研究不仅集中在税收对企业负债或权益融资方式选择的问题上，也开始考察边际税率对企业负债融资融资水平的影响程度。另外，Mackie-Mason

（1990），Graham（1996）和 Dhaliwal，Trezevant&Wang（1992）等进行了关于企业中债务税盾和非债务税盾替代程度的研究，并以公用企业为样本研究了这种替代程度的影响。

在我国，有关税收负担的研究起步较晚，在已有的研究成果中，大部分是以宏观税收负担的理论分析为主，而针对微观税收负担的实证研究及在此基础上进行相应的数量分析还处于起步阶段，尽管近几年在这方面取得了一些研究成果，但与西方等发达国家相比还有很大的差距，同时，国内的研究还缺乏一定的深度和广度。目前，我国关于所得税对企业融资影响的研究主要集中在对资本结构的影响因素进行探讨以及对上市公司的融资偏好研究等方面。如陆正飞、辛宇（1998）[①]、冯根福（2000）、洪锡熙、沈艺峰（2000）[②] 等都对资本结构的影响因素进行了探讨。袁国良、郑江淮、胡志乾（1999）和文宏（1999）等对我国上市公司的融资偏好进行了研究。

7.1.2 研究政策背景

在我国，企业缴纳的主要税种是流转税和所得税，从国家税务总局官方网站提供的税收收入资料中，我们得到如下信息：2008 年前三季度的税收收入合计为 460 589 646 万元，其中流转税收入为 279 618 150 万元，占总税收收入的 60.71%；企业所得税为 102 731 232 万元，占总税收收入的 22.30%，两者合计达到了 83.01%。根据税负归宿理论，流转税虽然所占的比重最大，但其税负承担者是最终的消费者而不是企业，因此企业的实际税收负担就是它缴纳的企业所得税。而在考察不同企业所得税负担时，公司实际所得税率 ETRs 就成为较好的替代计量工具，又被称为公司实际税率或公司有效税率，它的多少将直接影响到企业的现金流量与税后利润，对企业的生存和发展以及社会的稳定起着非常重要的作用，这就决定了影响企业实际税负高低的一些主要因素（如企业的执行税率、税收优惠、资本结构等）就成为了税收政策制定者与研究者关注的焦点。

公司所得税自 18 世纪末英国创立后，各国竞相效仿而行，早在 1914 年，北洋政府颁布"所得税条例"，虽然没能最终实施，却是我国历史上企业所得税制度建立的雏形。1993 年 12 月 13 日我国颁布《中华人民共和国企业所得

---

① 陆正飞，辛宇. 上市公司资本结构主要影响因素之实证研究 [J]. 会计研究，1998（8）：34-37.

② 洪锡熙，沈艺峰. 我国上市公司资本结构影响因素的实证分析 [J]. 厦门大学学报：哲学社会科学版，2000（3）：114-120.

税暂行条例》，并于 1994 年 2 月 4 日发布了《关于印发〈企业所得税暂行条例实施细则〉的通知》。此次税制改革，初步建立起了适应我国社会主义市场经济体制要求的税制体系框架。2003 年 10 月，十六届三中全会通过的《中共中央关于完善社会主义市场经济体制若干问题的决定》明确提出了我国新一轮税制改革的原则和任务，即"简税制、宽税基、低税率、严征管"。

2007 年 3 月 16 日，第十届全国人民代表大会第五次会议审议通过了《中华人民共和国企业所得税法》。新税法对企业所得税的法定税率进行了调整，这次调整使得大部分企业的法定税率降低了，也有一小部分企业的法定税率得到提高，另外还有一部分企业的法定税率保持不变，这与国外的所得税制改革是不同的。同时新税法也改变了一些税收的抵扣、抵免及相关的优惠政策，如改变原来的行业或地区优惠政策、调整固定资产折旧的抵扣政策等。这些变化都给研究公司所得税与资本结构关系提供了一个非常好的契机。在中国的制度背景下，政府与国有企业的关系是非常特殊的，它对国有企业具有行政上的"超强控制"和产权上的"超弱控制"（何浚，1998）①，而非国有企业与政府的关系就没有这种现象。那么不同的产权性质是否会对企业的资本结构产生不同的影响？当企业处于不同的资本结构水平时其受所得税影响的程度是否相同？对这些问题进行深入的研究不仅可以发现中国企业所得税改革对资本结构的影响，而且还可以丰富企业所得税与资本结构相关领域的理论文献。

本书在上一章检验了债务税盾对公司价值影响的基础上，发现在对整体样本进行回归时，这二者之间存在显著的正相关关系。我们将在本章进一步对所得税与债务融资之间的关系进行检验，并根据企业息税前利润的相对大小来估计企业对所得税税率变化的敏感程度，在此基础上检验不同类型的企业对债务税盾的利用情况。

在总结国内对上市公司资本结构影响因素研究的基础上，我们知道，影响上市公司资本结构的因素包括宏观因素、行业因素和公司特征因素，所得税税率是影响资本结构的宏观因素之一。在对资本结构与税收关系的研究中，宋献中（2001）② 在《资本结构与税收相关性分析》一文中，从"资本结构变动对企业税负与业绩的影响、税收对企业权益资本筹集的影响、税收对企业债务资本筹集的影响、最佳税收筹划绩效的资本结构配置"四个方面进行了规范性论述。俞微芳（2003）③ 在"企业所得税对上市公司资本结构的影响研究"

---

① 何浚. 上市公司治理结构的实证分析 [J]. 经济研究，1998 (5).

② 宋献中. 资本结构与税收的相关性分析 [J]. 暨南学报：哲学社会科学版，2001，23 (3).

③ 俞微芳. 企业所得税对上市公司资本结构的影响研究 [D]. 杭州：浙江大学硕士论文，2003.

中，在控制了其他会对资本结构产生影响的变量的基础之上，分别以资产负债率、长期负债率的改变作为因变量，以当年边际税率、前一年边际税率作为自变量来检验企业所得税税率对资本结构的影响。结果显示：企业所得税税率对资本结构产生显著的影响，并且得出边际税率高的企业倾向于采用更多的负债融资的结论。李齐云、李文君（2006）[①]对影响资本结构选择的税收因素进行了理论分析和实证检验，提出了促进债务融资发展和资本市场建设的政策建议。

目前，国内有关企业所得税与资本结构关系的研究中，有两种不同结论。一是认为经典资本结构理论适用于中国现实。吴联生、岳衡（2006）以我国在2002年取消"先征后返"所得税优惠政策为背景，以2001—2003年的财务杠杆变动作为被解释变量，以在2001年是否享受"先征后返"的优惠政策作为虚拟变量，同时还加入了公司规模、公司成长性、累计折旧的变动等控制变量，运用变化模型来研究税率变动对资本结构的影响，结果发现当实际执行税率提高时，公司就有意思地提高其财务杠杆，并且，他们提高财务杠杆的方式是增加公司的债务融资，而不是降低其所有者权益。由此得出经典资本结构理论适用于中国的结论。二是认为经典资本结构理论不适用于中国现状。王素荣（2005）通过实例分析，认为由于我国对股息和利息实行的是比例税率，而不同于美国的累进税率，因此得出经典资本结构理论在我国不适用的结论[②]。

我们将在本章对公司实际税率与资本结构的关系进行检验，并根据最小二乘法回归和分位数回归说明不同资本结构水平下实际税率对负债融资的影响程度。

7.2　研究假设

7.2.1　税收假设

（1）基于 MM 理论的分析

按照修正的 MM 理论，在税收不为零的情况下，由于债务利息可以在税前列支，使企业少缴所得税，以发挥债券的"税盾"作用；同时由于发行债券

---

①　李齐云，李文君. 基于税收视角的上市公司资本结构选择分析 [J]. 税务与经济，2006（2）：1-7.

②　王素荣. 资本结构与企业税负相关性分析 [J]. 税务研究，2005（10）.

的资金成本低，可以降低企业的综合资本成本，最终，公司通过负债融资可以增加公司的价值。修正的 MM 理论认为所得税是影响公司融资决策的重要因素之一，如果公司财务管理的目标是追求股东利益最大化，那么公司的决策者在制定财务政策时，一定会充分利用负债融资的所得税效应。

（2）基于企业所得税改革的分析

2008 年的企业所得税改革统一了内外资企业的法定税率。在此之前，国内企业在法定执行税率上大致可以分为两类：一类是适用税率为 33% 的内资企业，在税改后该类企业的适用税率基本上都降低到了 25%；另一类是适用税率为 15% 的外商投资企业，同时还包括其他享受地区、产业优惠政策的企业，在税改后这类企业中的一些企业的税率提高到了 18% 或 25%，还有一些企业仍维持 15% 的税率不变。经过第四章的实证分析，我们已得出企业的实际税率与法定税率在变动方向上保持一致。那么，在不考虑其他影响因素的情况下，如果单从税率的角度去分析，经过税制改革税率降低的企业，其债务的税盾效应减少，企业借债避税的动机减小，企业的债务水平将降低；与之相反，税改后税率提高的企业，其债务的税盾效应增加，企业的借债避税的动机加大，企业的债务水平将提高。另外，2008 年的所得税改革除统一所得税税率外，还对企业"非债务税盾"的使用空间进行了调整。为了准确考察税率变化对资本结构带来的影响，还需要对增加"非债务税盾"使用空间后可能对资本结构产生的影响进行控制。根据"替代效应"理论（De Angelo & Masulis, 1980），"非债务税盾"的增加将降低企业的债务水平。与之相反，依据"收入效应"理论（Dammon & Senbet, 1988），当企业可以使用的"非债务税盾"空间增加后，它将促进企业追加资本投资，进而增加企业的债务融资需求。国内学者彭程、刘星（2007）[①] 从税收因素的视角，通过对上市公司负债融资与投资支出关系的实证分析也发现了"收入效应"的存在。

（3）基于实际税率的分析

债务税盾的价值在于它与税率呈直接正向的关系。企业利用债务融资的税后债务资本成本等于 R (1-t)，其中：R 是利息率，t 是所得税率。假设 D 是债务资本，则债务资本的节税利益为 tRD。从税后债务资本成本的计算公式可看出税率与债务资本成本成反比，即税率越高，企业的税后债务资本成本就越低，企业获得的节税利益就越大，税盾的价值也就越大。对于一个成长性较好

---

① 彭程，刘星. 负债融资与企业投资决策的互动关系：税收因素的实证分析 [J]. 经济科学，2007（4）.

的企业来讲，如果公司的实际税率要提高，公司管理者就会选择使用更多的债务融资，使它能够为企业带来更多的节税利益。

根据上述分析，我们提出如下假设：

假设7-1：在其他因素相同的条件下，企业的负债利用程度与企业的实际税率成正相关关系。

对公司税率与资本结构关系的研究之所以会出现不同的结论，本书认为与衡量税率的变量选择有很大关系，所以本书用实际税率进行税负衡量，并且用最小二乘法回归和分位数回归方法比较说明不同资本结构水平下，实际税率对资本结构的影响程度。

7.2.2 债务税盾与资本结构关系——基于产权性质关系的分析

由于国有企业与非国有企业产权性质的不同，使得两类企业的委托人和代理人在目标和定位上就存在很大的差异，这些差异也给企业的财务政策选择带来很大程度的不同：（1）对国有企业来讲，一方面，其委托人——国家，作为企业的所有者，可以参与企业的利润分配；作为一国政府，它又能从企业那里获得税收收入，因而企业不论是上缴所得税还是通过利润分配向国家上缴股（红）利，其受益者都是国家。因此，从本质上来讲，利润与税收对政府来讲并没有太大的区别，都是为国家带来财富的增加。另一方面，其代理人——国有企业的管理者，他们常背负着大量的行政职责，他们在仕途上能否升迁与其管理的企业好坏有很大的关系，因此，企业对外披露的财务报告利润是管理者们"政绩"的重要表现方式。（2）而对于非国有企业来讲，其委托人——企业股东，要求企业在进行财务决策时追求公司价值最大化。而其代理人——非国有企业的管理者往往就是公司的大股东，其自身的经济利益与公司价值最大化的目标密切相关。因此，非国有企业进行税收筹划的积极性就高，其利用负债来进行避税的动机就强，这就造成了在名义税率相同的情况下，非国有企业税收负担相对较轻的现象。吴联生（2009）[①] 通过对上市公司所得税税收负担的研究发现：在名义税率相同的情况下，国有股股权比例越高，企业所得税负担就越重，该研究支持了这一理论。另外，国有企业委托人和代理人之间存在严重的信息不对称问题。而在非国有企业中，信息不对称程度要比国有企业小很多。综合以上分析，我们认为国有企业与非国有企业相比较，其税收筹划行

---

① 吴联生. 国有股权、税收优惠与公司税负 [J]. 经济研究，2009（10）.

为更为保守。郑红霞、韩梅芳（2008）① 的研究也支持了这一观点。

经过上文的分析，我们可知非国有企业相对于国有企业来讲，它会更加重视税收成本，从而更加积极地去进行税收筹划。当所得税税率发生变化时，非国有企业会对此比较敏感，其调整资本结构的速度和幅度都有可能强于国有企业。

所以，根据上述分析，可以提出以下假设：

假设7-2：在其他因素相同的条件下，国有企业税率的变化对债务的影响程度相对较小，非国有企业税率的变化对债务的影响程度相对较大。

7.3 研究设计：模型的引入

7.3.1 样本选取及数据来源

为保持样本的相对稳定，本章所用样本是在第四章样本的基础上，剔除了实际税率小于零的上市公司，最后得到343家上市公司作为研究样本，相关数据来源于国泰安数据库以及上市公司披露的年度财务报表，不足数据则通过CCER中国经济金融数据库进行补充。

7.3.2 变量定义

（1）被解释变量：资本结构有广义与狭义之分。广义的资本结构是指总负债与总资产、总负债与总权益、不同债务之间、不同权益之间的相互关系；而狭义的资本结构只反映长期负债与所有者权益之间的关系。在我国，由于上市公司负债期限结构具有短期负债占主导地位的现象，因此可以认为我国上市公司的短期负债在性质上与长期负债没有本质区别。基于以上关于税盾概念的分析，只有实际产生利息费用并可抵扣的负债才具有税盾效用，故本书采用有息负债（包括短期和长期有息负债）与总资产的比值作为企业资本结构的度量。

（2）解释变量的选取

衡量税率变化对资本结构的影响，解释变量是关键。通过前文实际税率与边际税率的比较，本书认为实际税率更能作为代表，因此，将实际税率作为解

---

① 郑红霞，韩梅芳. 基于不同股权结构的上市公司税收筹划行为研究——来自国有上市公司和民营上市公司的经验证据 [J]. 中国软科学，2008 (9).

释变量。还有第 6 章的债务税盾和非债务税盾价值，也是影响企业负债融资的重要变量。

（3）控制变量的选取与度量

①公司规模（SIZE）。公司的规模越大，其透明度就越高，当公司面临财务困境时，其抵御风险的能力就较强，它的破产风险也就越低，这样就能降低它的负债资本成本，因此，规模大的公司有更大的能力承受较大的负债。根据上面的分析，预计公司规模与有息负债比率存在正相关关系，本书用总资产的自然对数来表示公司规模因素。

②盈利能力（ROA）。公司的盈利能力强，其现金流就相对充足，它对外部资金的依赖性就弱。因此，预计有息负债率与盈利能力之间存在负相关关系，本书用息税前利润和年末资产总额的比值作为衡量企业盈利能力的指标。

③成长性（Tobin'Q）。公司的发展前景越好，就意味着公司有更多的投资机会，则公司对资金的需求量就越大。而公司的股东为避免股权分散影响他们的控制权，同时，激进的债务政策可以限制管理层防御，减少公司的代理成本，因此公司股东一般情况下不愿意进行权益融资而倾向于举债融资。预计公司的成长性与有息负债率存在正相关关系，本书用托宾 Q 值来衡量公司的成长性。

④企业性质（Enterprise Nature）。由于国有企业与非国有企业产权性质的不同，使得两类企业在税收筹划目标上存在很大的差异，国家作为国有企业的所有者，可以参与企业的利润分配；作为一国政府，它又能从国有企业那里获得税收收入，因而国有企业不论是上缴所得税还是进行利润分配，其受益者都是国家。另外，国有企业的管理者，他们常背负着大量的行政职责，他们在仕途上能否升迁与其管理的企业好坏有很大的关系，因此，企业对外披露的财务报告利润是管理者们"政绩"的重要表现方式。而非国有企业的管理者往往就是公司的大股东，其自身的经济利益与公司价值最大化的目标密切相关。因此，非国有企业进行税收筹划的积极性就高，其利用负债来进行避税的动机就强。据此，本书认为国有控股企业进行债务避税的动机不如非国有控股的企业强烈。

表 7-1   **变量的定义**

变量性质	变量	简称	变量的计量
被解释变量	资本结构	LEV	本年度的有息负债率

表7-1(续)

变量性质	变量	简称	变量的计量
解释变量	公司实际税率	ETR	前文第4章通过实际税负公式计算得到
	债务税盾	DTS	当年带息债务规模与当年法定执行税率的乘积,与总资产的比值
	非债务税盾	NDTS	当年固定资产折旧、无形资产的摊销总额之和与当年法定执行税率的乘积,与总资产的比值
控制变量	企业性质	EN	1表示国有控股,0表示非国有控股
	公司成长性	GROWTH	托宾Q值
	公司规模	SIZE	资产总额的自然对数
	盈利能力	ROA	息税前利润/年末资产总额

7.3.3 研究模型

（1）最小二乘法与分位数回归模型比较

在对资本结构的已有实证研究中，大部分采用的是普通最小二乘法回归。该方法是估计回归系数的最基本的方法，它描述了自变量对于因变量的均值影响。如果模型中的随机扰动项来自均值为零而且同方差的分布，那么回归系数的最小二乘估计为最佳线性无偏估计（BLUE）；如果随机扰动项服从正态分布，那么回归系数的最小二乘法或极大似然估计为最小方差无偏估计（MVUE）。但在现实的经济生活中，这种假设常常不能被满足，例如数据出现尖峰或厚尾的分布、存在显著的异方差等情况，这时的最小二乘估计将不再具有上述优势且稳健性非常差。最小二乘回归假定自变量只影响因变量的条件分布的位置，而无法刻画自变量对于因变量在不同水平下的影响。同时，当经典的线性回归模型不满足 Gauss-Markov 条件时，最小二乘法也将不再稳健。

分位数回归（Quantile Regression）是中位数回归的一种推广，它是为了解决最小二乘法（OLS）在传统线性回归中出现的不稳健性以及为了能更加准确地刻画自变量对因变量在不同水平下的影响而发展起来的。与普通最小二乘回归相比较，分位数回归能更加精确地描述自变量对于因变量的变化范围以及条件分布形状，能够捕捉分布的尾部特征，当自变量对不同部分的因变量的分布产生不同的影响时，例如出现左偏或右偏的情况时，它能更加全面地刻画分布的特征，且分位数回归系数估计比最小二乘法回归系数估计更稳健。为了显现分位数回归方法的优越性，本书同时采用最小二乘回归方法和分位数回归方法进行分析，并对二者结果进行比较。

（2）分位数回归模型介绍

为了弥补普通最小二乘法（OLS）在回归分析中的缺陷，Koenker 和 Bassett 于 1978 年提出了分位数回归（Quantile Re-gression）的思想。它依据因变量的条件分位数对自变量进行回归，得到所有分位数下的回归模型。类似于一般的线性模型，分位数回归模型假定分位点满足线性关系，但是不用对误差项的分布形式做严格限定，对参数的估计采用的是半参数的形式。对于任意实值随机变量 Y，假定其观测值为 $\{y_1, y_2, \cdots, y_n\}$，其所有性质都可以由它自己的分布函数来决定，即由：$F(y) = \Pr(Y \leqslant y)$ 来决定。任给实数 τ 且 $0 < \tau < 1$，可以定义 Y 的 τ 分位数函数

$$Q_y(\alpha) = \inf\{y: F(y) \geqslant \alpha\} \tag{7-1}$$

式中：inf 为下确界，式（7-1）完全刻画了随机变量 Y 的性质，$Q_y(\alpha)$ 是因变量条件累积分布函数的反函数，它把随机变量 Y 的观测值 $\{y_1, y_2, \cdots, y_n\}$ 分成了两部分：比例为 τ 的部分小于 $Q_y(\alpha)$；而比例为 $(1-\tau)$ 的部分则大于 $Q_y(\alpha)$。

对于任意的 $0 < \alpha < 1$，定义"检验函数"$\rho_\alpha(u)$ 为：

$$\rho_\alpha(u) = (\alpha - 1_{\alpha < 0}) u$$

$$\begin{cases} \alpha u & u \geqslant 0 \\ (\alpha - 1) u & u < 0 \end{cases} \tag{7-2}$$

其中 $I_{(\alpha < 0)}$ 为示性函数，由"检验函数"定义（式（7-2））可以看出，"检验函数"为分段函数，且 $\rho_\alpha(u) \geqslant 0$。

为积分方便，"检验函数"$\rho_\alpha(u)$ 可以改写为：

$$\rho_\alpha(u) = (\alpha - I_{u < 0}) u = \alpha u l_{(\alpha \geqslant 0)} + (\alpha - 1) u l_{(\alpha < 0)} \tag{7-3}$$

由定义公式（7-2），当 u 取 $y - \zeta$ 时，则有：

$$\rho_\alpha(y - \zeta) = \alpha(y - \zeta) I_{(y - \zeta \geqslant 0)} + (\alpha - 1)(y - \zeta) l_{(y - \zeta < 0)} \tag{7-4}$$

则 Y 的 α 分位数回归，就是找到 ζ，使 $E[\rho_\alpha(y - \zeta)]$ 最小，即求满足下式方程的 ζ：

$$\min_{\zeta \in R} E[\rho_\alpha(y - \zeta)] \tag{7-5}$$

在公式（7-4）两边同时取期望值并积分：

$$\min_{\zeta \in R} E[\rho_\alpha(y - \zeta)] = (\alpha - 1) \int_{-\infty}^{\zeta} (y - \zeta) \, dF(x) + \alpha \int_{\zeta}^{+\infty} (y - \zeta) \, dF(x) \tag{7-6}$$

再在公式（7-6）的两边同时对 ζ 求导得：

$$0 = (1 - \alpha) \int_{-\infty}^{\zeta} dF(X) - \alpha \int_{\zeta}^{+\infty} dF(x) = F(\zeta) \tag{7-7}$$

因为分布函数 F 是单调函数，则集合 $\{y: F(\zeta) = \alpha\}$ 中的任意元素都满足条件，即可能存在某个区间上的元素使（7-5）最小，而由定义式（7-1）可知，若令 $Q_y(\alpha) = \hat{y}$ 时，$\hat{y}$ 是唯一的。

假定分位数回归线性模型如下：

$$Q_\alpha = (y \mid x) = \beta_1(\alpha) X_1 + \beta_2(\alpha) X_2 + \cdots + \beta_p(\alpha) X_p$$

式中：$\beta_i(\alpha)$（$i = 1, 2, \cdots, p$）为 α 分位数下对应的参数，由于不同分位数下误差项的影响，当 α 改变时，模型的参数也会随之改变，分位数回归也正是考虑了不同分位数位置的情形。

根据上述理论分析，可以构造分位数模型如下：

$$Q(LEV_{it} \mid x1, \cdots, x5) = \beta_0 + \beta_1 ETR + \beta_2 DTS + \beta_3 NDTS + \beta_4 EN$$
$$+ \beta_5 GROWTH + \beta_6 SIZE + \beta_7 ROA + \varepsilon_i \tag{7-8}$$

为了进行比较，我们构造一般回归模型如下：

$$LEV = \beta_0 + \beta_1 ETR + \beta_2 DTS + \beta_3 NDTS + \beta_4 EN + \beta_5 GROWTH + \beta_6 SIZE + \beta_7 ROA$$
$$+ \varepsilon \tag{7-9}$$

7.4　实证结果及分析

7.4.1　被解释变量描述性统计

如表 7-2~表 7-4、图 7-2~图 7-3 所示：

表 7-2　　　　　　　　税改前因变量有息负债率描述性统计

Mean	24. 217 9%
Median	23. 498 4%
Maximum	92. 032 7%
Minimum	0
Std. Dev.	0. 164 804

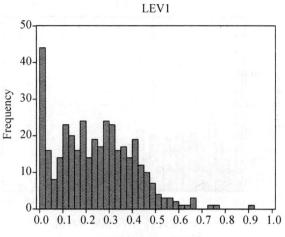

图 7-1　税改前 LEV1 频数分布图

表 7-3　　　　　　　　　税改后因变量有息负债率描述性统计

Mean	21. 454 3%
Median	23. 016 3%
Maximum	83. 708 4%
Minimum	0
Std. Dev.	0. 174 303

从表 7-2 和表 7-3 可以看出，我国上市公司的有息负债率处于一个较低的水平，这可能与我国上市公司的股权融资偏好有关。

表 7-4　税改前后有息负债率差额 LEV2-LEV1（△LEV）描述性统计

Mean	−2. 765 1%
Median	−0. 06%
Maximum	35. 563%
Minimum	−94. 49%
Std. Dev.	0. 119 905

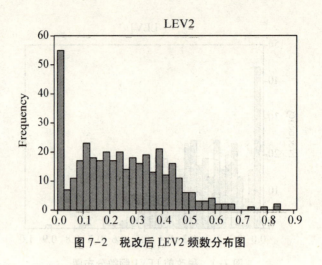

图 7-2　税改后 LEV2 频数分布图

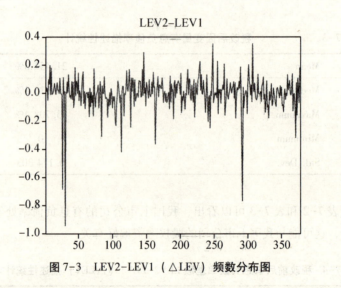

图 7-3　LEV2-LEV1（△LEV）频数分布图

　　由以上图表可以看出，税改后 LEV 的平均值、中位数、最大值均小于税改前相应数值，说明 LEV 值税改后较税改前有较大幅度的降低，△LEV 的均值是-2.765 1%，说明随着税改后企业所得税税率的降低，企业有息债务水平降低了 2.765 1 个百分点。

7.4.2　回归分析

　　（1）税改前最小二乘法的回归结果见表 7-5，最小二乘法回归中，实际税率与资本结构的关系并不显著。非债务税盾与债务税盾与之在 10% 水平下相关，但企业性质、成长性与企业规模都与资本结构关系不显著。

表7-5　　税改前实际税率与资本结构的关系（最小二乘法回归）

变量	系数	标准误	t 值	Sig.
C	0.443 389	0.165 318	2.682 043	0.007 6
ETR	0.017 854	0.012 674	1.408 633	0.159 8
NDTS	−0.258 3*	0.116 9	−1.354 822	0.076 3
DTS	0.160 8*	0.116 9	1.375 76	0.069 7
EN	−0.010 322	0.018 452	−0.559 417	0.076 2
GROWTH	0.000 542	0.000 365	1.482 672	0.139
SIZE	0.009 781	0.007 79	1.255 63	0.21
ROA	−0.003 545	0.052 219	−0.067 886	0.945 9

注：***、**、*分别代表1%、5%、10%的显著水平。

分位数回归结果见表7-6~表7-11：

表7-6　　税改前实际税率与资本结构回归结果（0.1分位水平）

变量	系数	标准误	t 值	Sig.
C	0.362 024	0.182 296	1.985 915	0.047 8
ETR	0.041 201***	0.003 376	12.205 24	0
NDTS	−0.012 3	0.028	−0.438 891	0.661 0
DTS	0.012 5	0.028 1	0.444 771	0.656 7
EN	−0.008 212	0.022 262	−0.368 877	0.712 4
GROWTH	0.000 212***	0.000 156	1.362 714	0
SIZE	0.015 638**	0.008 515	1.836 452	0.047 1
ROA	−0.034 945	0.046 601	−0.749 877	0.453 8

注：***、**、*分别代表1%、5%、10%的显著水平。

资本结构在10%水平上时，实际税率、公司成长性均与资本结构在1%水平下显著正相关；公司规模与资本结构在5%水平下显著正相关。

表7-7　　税改前实际税率与资本结构回归结果（0.3分位水平）

变量	系数	标准误	t 值	Sig.
C	0.457 007	0.217 951	2.096 833	0.036 7
ETR	0.031 814***	0.005 505	5.779 28	0
NDTS	−0.096 5**	0.045 3	−2.127 782	0.034 0

表7-7(续)

变量	系数	标准误	t值	Sig.
DTS	0.097 8 **	0.045 3	2.157 283	0.031 6
EN	−0.002 12	0.025 639	−0.082 673	0.934 2
GROWTH	0.000 407 ***	0.000 201	2.026 935	0
SIZE	0.015 659 ***	0.010 331	1.515 784	0
ROA	−0.052 556 ***	0.055 329	−0.949 889	0. 0 008

注：***、**、*分别代表1%、5%、10%的显著水平。

资本结构在30%水平上时，实际税率、公司成长性、公司规模均与资本结构在1%水平下显著正相关；债务税盾与资本结构在5%水平下显著正相关；非债务税盾与资本结构在5%水平上显著负相关；盈利能力与资本结构在1%水平下显著负相关。

表7-8　　税改前实际税率与资本结构回归结果（0.5分位水平）

变量	系数	标准误	t值	Sig.
C	0.428 119	0.256 288	1.670 464	0.095 7
ETR	0.022 405 ***	0.006 421	3.489 001	0.000 5
NDTS	−0.164 6 ***	0.054 1	−3.042 709	0.002 5
DTS	0.166 9 ***	0.054 1	3.085 285	0.002 2
EN	−0.027 351 **	0.026 996	−1.013 15	0.031 17
GROWTH	0.000 507 ***	0.000 238	2.129 138	0.003 39
SIZE	0.020 164 ***	0.012 184	0.834 208	0.000 47
ROA	−0.061 789 ***	0.105 56	−0.490 607	0.008 94

注：***、**、*分别代表1%、5%、10%的显著水平。

资本结构在50%水平上时，实际税率、债务税盾、公司成长性、公司规模均与资本结构在1%水平下显著正相关；企业性质与资本结构在5%水平下显著负相关；非债务税盾、盈利能力与资本结构在1%水平下显著负相关。

表7-9　　税改前实际税率与资本结构回归结果（0.7分位水平）

变量	系数	标准误	t值	Sig.
C	0.332 773	0.264 733	1.257 012	0.209 5
ETR	0.015 494 ***	0.005 379	2.880 532	0.004 2
NDTS	−0.238 6 ***	0.045 4	−5.194 439	0

表7-9（续）

变量	系数	标准误	t 值	Sig.
DTS	0. 249 0 ***	0. 045 4	5. 266 507	0
EN	−0. 011 423 ***	0. 026 682	−0. 428 136	0. 008 8
GROWTH	0. 000 588 ***	0. 000 226	2. 597 807	0. 009 8
SIZE	0. 024 005	0. 012 553	0. 051 353	0. 959 1
ROA	−0. 034 782 ***	0. 057 096	−0. 609 188	0. 002 8

注：*** 、** 、* 分别代表1%、5%、10%的显著水平。

资本结构在70%水平上时，实际税率、债务税盾、公司成长性均与资本结构在1%水平下显著正相关；企业性质、非债务税盾、盈利能力与资本结构在1%水平下显著负相关；而公司规模与资本结构关系不显著。

表 7-10　　税改前实际税率与资本结构回归结果（0.9 分位水平）

变量	系数	标准误	t 值	Sig.
C	0. 601 83	0. 240 707	2. 500 256	0. 012 8
ETR	−0. 006 544 **	0. 003 42	−1. 913 46	0. 046 5
NDTS	−0. 335 ***	0. 028 7	−10. 993 94	0
DTS	0. 359 5 ***	0. 028 7	11. 135 36	0
EN	0. 006 853 ***	0. 026 926	0. 254 493	0. 000 3
GROWTH	0. 000 94 ***	0. 000 185	5. 068 141	0
SIZE	0. 007 645	0. 011 518	0. 663 736	0. 790 3
ROA	−0. 011 605	0. 083 613	−0. 138 798	0. 889 7

注：*** 、** 、* 分别代表1%、5%、10%的显著水平。

资本结构在90%水平上时，实际税率与资本结构在5%水平下显著负相关；债务税盾、公司成长性、企业性质与资本结构在1%水平下显著正相关；非债务税盾与资本结构在1%水平下显著负相关。

表 7-11　　税改前实际税率对融资决策回归结果汇总

变量	普通 OLS 回归结果	条件分位数回归结果				
		0. 1	0. 3	0. 5	0. 7	0. 9
ETR	0. 017 854	0. 041 201 ***	0. 031 814 ***	0. 022 405 ***	0. 015 494 ***	−0. 006 544 **
NDTS	−0. 258 3 *	−0. 012 3	−0. 096 5 **	−0. 164 6 ***	−0. 238 6 ***	−0. 335 ***
DTS	0. 160 8 *	0. 012 5	0. 097 8 **	0. 166 9 ***	0. 249 0 ***	0. 359 5 ***
EN	−0. 010 322	−0. 008 212	−0. 002 12	−0. 027 351 **	−0. 011 423 ***	0. 006 853 ***

表7-11(续)

变量	普通 OLS 回归结果	条件分位数回归结果				
		0.1	0.3	0.5	0.7	0.9
GROWTH	0.000 542	0.000 212 ***	0.000 407 ***	0.000 507 ***	0.000 588 ***	0.000 94 ***
SIZE	0.009 781	0.015 638 **	0.015 659 ***	0.020 164 ***	0.024 005	0.007 645
ROA	-0.003 545	-0.034 945	-0.052 556 ***	-0.061 789 ***	-0.034 782 ***	-0.011 605
Adjusted R-squared	0.191 767	0.165 691	0.348 769	0.460 829	0.569 135	-0.006 544

注：***、**、*分别代表1%、5%、10%的显著水平。

从回归结果汇总表可以看出，资本结构在 0.1~0.7 的分位水平时，实际税率与资本结构均呈显著正相关，但相关程度在减弱，而当资本结构处于 0.9 分位水平时，二者呈现显著负相关，这可能是由于公司的资本结构水平太高，财务风险增大造成的；非债务税盾、企业性质、盈利能力与资本结构基本上呈显著负相关；债务税盾、公司成长性、公司规模与资本结构基本上呈显著正相关。

（2）税改后最小二乘法的回归结果见表 7-12，最小二乘法回归中，实际税率与资本结构的关系不显著。非债务税盾、债务税盾与资本结构在 10%水平下显著相关，但企业性质、成长性与企业规模与资本结构关系均不显著。

表 7-12   税改后实际税率与资本结构的关系（最小二乘法回归）

变量	系数	标准误	t 值	Sig.
C	-0.719 053	0.160 459	-4.481 237	0
ETR	-0.001 592	0.015 82	-0.100 629	0.919 9
NDTS	-0.062 5 *	0.123 7	-1.313 807	0.089 7
DTS	0.064 9 *	0.123 7	1.333 577	0.083 2
EN	-0.012 552	0.017 806	-0.704 933	0.481 3
GROWTH	-0.001 166	0.002 557	-0.456 261	0.648 5
SIZE	0.045 003	0.007 43	6.056 658	0.613 5
ROA	-0.050 914	0.019 986	-2.547 443	0.011 3

注：***、**、*分别代表1%、5%、10%的显著水平。

分位数回归结果见表 7-13~表 7-18：

表 7-13   税改后实际税率与资本结构回归结果（0.1 分位水平）

变量	系数	标准误	t 值	Sig.
C	−0.206 927	0.174 981	−1.182 573	0.237 7
ETR	0.007 463	0.008 89	0.614 485	0.539 3
NDTS	−0.014 5	0.029 7	−0.048 899	0.961
DTS	0.014 7	0.029 7	0.049 556	0.960 5
EN	−0.005 21	0.022 238	−0.234 291	0.814 9
GROWTH	0.000 542	0.000 892	0.607 59	0.543 8
SIZE	0.010 568	0.008 547	1.236 503	0.217 1
ROA	−0.042 45 ***	0.005 734	−7.403 899	0

注：***、**、*分别代表 1%、5%、10%的显著水平。

资本结构在 10%水平上实际税率与资本结构有微弱的负相关关系，但不显著。公司性质、成长性、规模、非债务税盾及债务税盾均与资本结构不相关，但是盈利能力与资本结构显著负相关。这说明所得税改革对实际税率与资本结构的关系产生了影响。

表 7-14   税改后实际税率与资本结构回归结果（0.3 分位水平）

变量	系数	标准误	t 值	Sig.
C	−0.912 867	0.181 575	−5.027 477	0
ETR	0.006 478 *	0.014 318	0.592 103	0.054 1
NDTS	−0.088 6 *	0.047 9	−1.847 939	0.065 4
DTS	0.089 8 *	0.048	1.873 605	0.061 8
EN	−0.003 772	0.022 867	−0.164 967	0.869 1
GROWTH	0.001 248	0.001 207	1.531 117	0.126 6
SIZE	0.048 895 ***	0.008 734	5.598 399	0
ROA	−0.031 627 ***	0.008 852	−3.572 87	0.000 4

注：***、**、*分别代表 1%、5%、10%的显著水平。

当资本结构在 30%水平上时，实际税率、债务税盾与资本结构在 10%水平下显著呈正相关；非债务税盾与资本结构在 10%水平下显著负相关；公司规模与资本结构在 1%水平下显著呈正相关；盈利能力均与资本结构在 1%水平下显著负相关。

表 7-15　税改后实际税率与资本结构回归结果（0.5 分位水平）

变量	系数	标准误	t 值	Sig.
C	−1.160 993	0.198 671	−5.843 806	0
ETR	0.005 807*	0.023 23	0.379 116	0.070 48
NDTS	−0.161 9***	0.057 3	−2.826 54	0.005
DTS	0.164 2***	0.057 3	2.866 027	0.004 4
EN	−0.014 946	0.025 235	−0.592 256	0.554
GROWTH	0.001 685**	0.001 438	1.172 489	0.041 8
SIZE	0.064 966***	0.009 422	6.894 847	0
ROA	−0.129 45	0.135 388	−0.956 139	0.339 6

注：***、**、*分别代表 1%、5%、10%的显著水平。

当资本结构在 50%水平上时，实际税率与资本结构在 10%水平下呈显著正相关；非债务税盾与资本结构在 1%水平下呈显著负相关；公司成长性与资本结构在 5%水平下呈显著正相关；公司规模、债务税盾与资本结构在 1%水平下呈显著正相关。

表 7-16　税改后实际税率与资本结构回归结果（0.7 分位水平）

变量	系数	标准误	t 值	Sig.
C	−0.880 919	0.268 765	−3.277 651	0.001 1
ETR	0.002 941	0.026 726	0.110 036	0.912 4
NDTS	−0.236 4***	0.048 1	−4.917 167	0
DTS	0.239 8***	0.048 1	4.985 093	0
EN	−0.008 059	0.026 434	−0.304 878	0.760 6
GROWTH	0.000 314	0.001 477	0.212 644	0.831 7
SIZE	0.055 957***	0.012 176	4.595 759	0
ROA	−0.127 857	0.102 942	−1.242 032	0.215

注：***、**、*分别代表 1%、5%、10%的显著水平。

当资本结构在 70%水平上时，实际税率、企业性质、公司成长性以及盈利能力与资本结构关系均不显著；非债务税盾与资本结构在 1%水平下显著负相关；公司规模、债务税盾与资本结构在 1%水平下呈显著正相关。

表 7-17　　税改后实际税率与资本结构回归结果（0.9 分位水平）

变量	系数	标准误	t 值	Sig.
C	−0.574 714	0.256 816	−2.237 838	0.025 8
ETR	−0.008 034	0.013 057	−0.615 322	0.538 7
NDTS	−0.320 8***	0.030 2	−10.619 67	0
DTS	0.325 4***	0.030 2	10.757 21	0
EN	−0.012 579	0.033 651	−0.373 799	0.708 8
GROWTH	0.002 989***	0.001 142	2.617 258	0.009 2
SIZE	0.048 153***	0.011 982	4.018 789	0.000 1
ROA	−0.035 606	0.105 913	−0.336 179	0.736 9

注：***、**、*分别代表 1%、5%、10%的显著水平。

资本结构在 90%水平上，实际税率、企业性质与资本结构关系均不显著；非债务税盾与资本结构在 1%水平下显著负相关；债务税盾、公司成长性及资产规模均与资本结构在 1%水平下呈显著正相关。

表 7-18　　　　税改后实际税率对资本结构回归结果汇总

变量	普通 OLS 回归结果	条件分位数回归结果				
		0.1	0.3	0.5	0.7	0.9
ETR	−0.001 592	0.007 463	0.006 478*	0.005 807*	0.002 941	−0.008 034
NDTS	−0.062 5*	−0.014 5	−0.088 6*	−0.161 9***	−0.236 4***	−0.320 8***
DTS	0.064 9*	0.014 7	0.089 8*	0.164 2***	0.239 8***	0.325 4***
EN	−0.012 552	−0.005 21	−0.003 772	−0.014 946	−0.008 059	−0.012 579
GROWTH	−0.001 166	0.000 542	0.001 248	0.001 685**	0.000 314	0.002 989***
SIZE	0.045 003	0.010 568	0.048 895***	0.064 966***	0.055 957***	0.048 153***
ROA	−0.050 914	−0.042 45***	−0.031 627***	−0.129 45	−0.127 857	−0.035 606
Adjusted R-squared	0.598 577	0.192 691	0.648 769	0.214 829	0.413 785	−0.096 583

注：***、**、*分别代表 1%、5%、10%的显著水平。

从税改前后的回归结果汇总表（表 7-11 和表 7-18）可以看出：税改后的实际税率对资本结构的影响不是十分显著，且其影响效果远不如税改前。这说明随着实际税率的下降，实际税率将不再是公司债务融资决策的关键影响因素。与之相对应，税改后的债务税盾和非债务税盾虽然对有息负债融资比率仍然显著，但其影响程度（从估计系数和显著程度可以看出）也出现了降低的迹象，这符合前面章节关于税制改革对负债融资决策的相关分析结论。同时从实证结果我们还可以看出，企业的资产规模、企业性质、盈利能力和成长性对我国上市公司的债务融资选择都具有重要影响。

为了进一步描述税改前和税改后各分位水平下实际税率对资本结构的影响，条件分位数系数图如图 7-4~图 7-5 所示：

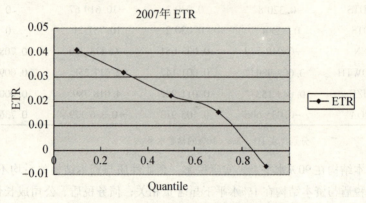

图 7-4　税改前 ETR 条件分位数系数图

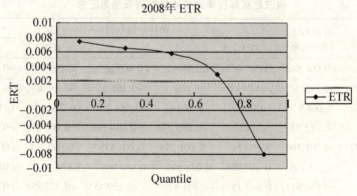

图 7-5　税改后 ETR 条件分位数系数图

税改前后的相同之处是：资本结构在 0.1 至 0.7 的分位水平时，实际税率与资本结构均呈正相关关系，但税改后不太显著；当资本结构处于 0.9 分位水平时，二者均呈负相关关系，税改后仍不太显著。不同之处在于，通过税改前后实际税率对有息负债率影响系数的对比可以看出，税改后实际税率对资本结构的影响在不同分位水平上逐步变小，这说明在企业所得税变革后，随着实际税率的下降，公司的融资结构也做了相应的调整，与假设 7-1 基本一致。

结合前面的分析还可看出，企业性质与公司资本结构在税改前呈显著的负相关关系。且这种负向的影响力随着公司资本结构水平的提高而增加，说明非国有企业与国有企业相比在资本结构决策中会更多地考虑税收因素,在利用税盾效用及税收筹划方面更为积极。但在税改后,二者的关系不再显著,这说明企业所得税税率的降低在一定程度上影响了非国有企业在税收筹划方面的积极性,使假设7-2得到验证。

另外,经过观察还可发现,有息负债率处于0%~5%的样本公司,占总样本的比重较小,这些样本公司没有充分利用有息负债的节税效应;同时,有息负债率为80%-100%的样本公司占总样本的比重也较小,这些样本公司过度利用财务杠杆,导致破产风险愈加显著。处于中间区间的样本公司,由于新企业所得税税法的实施,公司的实际税率下降,债务的"税盾"效应减少,公司融资会更多考虑股权融资或者内部融资的方式,使得有息负债率明显下降。

3. 为检验边际税率 MTR 对公司资本结构决策的影响,按照上述实证模型的思路,将实际税率更改为边际税率,分别采用最小二乘法和分位数对模型进行回归。

(1)最小二乘回归模型:

$$LEV = \beta_0 + \beta_1 MTR + \beta_2 DTS + \beta_3 NDTS + \beta_4 EN + \beta_5 GROWTH + \beta_6 SIZE + \beta_7 ROA + \varepsilon$$ (2)分位数回归模型:

$$Q(LEV_{it} \mid x1, \cdots, x5) = \beta_0 + \beta_1 MTR + \beta_2 DTS + \beta_3 NDTS + \beta_4 EN + \beta_5 GROWTH + \beta_6 SIZE + \beta_7 ROA + \varepsilon_i$$

具体回归结果如表7-19所示:

表 7-19　　　　　　　　　　边际税率对资本结构回归结果汇总

变量	普通 OLS 回归结果	条件分位数回归结果				
		0.1	0.3	0.5	0.7	0.9
MTR	0.008 297	0.048 172 *	0.059 843	0.216 998	0.080 177	−0.003 634
NDTS	−0.037 6 *	−0.032 5	−0.016 *	−0.145 1 ***	−0.287 9 ***	−0.315 68 ***
DTS	0.084 5 *	0.011 7	0.079 *	0.177 7 ***	0.212 3 ***	0.387 9 ***
EN	−0.087 65 ***	−0.021 965	−0.025 667	−0.034 532	−0.042 269 **	−0.096 674 **
GROWTH	0.264 718 ***	0.263 145 ***	0.265 135 ***	0.265 159 ***	0.264 313 ***	0.296 507 *
SIZE	0.531 095 ***	0.354 452 **	0.521 431 ***	0.600 712 ***	0.640 079 ***	0.701 452 ***
ROA	−0.000 698	−0.003 678	−0.003 968 ***	−0.009 148 ***	−0.013 086 ***	−0.180 199
Adjusted R-squared	0.474 728	0.157 321	0.312 145	0.415 432	0.512 316	0.712 305

注:***、**、*分别代表1%、5%、10%的显著水平。

从边际税率与资本结构的关系看，无论是最小二乘回归还是分位数回归，二者之间的关系基本上都不显著（分位数回归时，资本结构处于 0.1 水平除外）。这说明在我国企业所得税采用比例税率的情况下，边际税率对公司资本结构的解释程度较弱。

7.5 本章小结

根据上述实证分析，可以看出：

（1）无论在税改前还是税改后，实际税率（ETR）与公司资本结构（LEV）在不同分位水平下的影响程度是不同的。当负债规模较小时，实际税率对资本结构的影响是正相关的，但影响关系随着分位数水平的提高，显著性在下降。因为我国上市公司在选择公司资本结构的时候更多的是考虑公司本身的举债能力和债务偿还能力等因素，税收本身对此选择的影响较小，同时也进一步说明了目前我国上市公司在债权融资与股权融资的选择中，可能更倾向于股权融资。从对边际税率的回归结果看，边际税率对资本结构的影响并不显著，因此，无法证明边际税率与资本结构决策之间具有相关关系。

（2）税改前后，债务税盾（DTS）与公司资本结构（LEV）在 0.3 至 0.9 的分位水平上都显著正相关，非债务税盾（NDTS）与公司资本结构（LEV）在 0.3 至 0.9 的分位水平上也都显著负相关，且显著性都随着有息负债率的提高而增强，由于税率的降低，税改后的回归系数比税改前略低。如前面章节的理论与实证分析，税收能给债务融资带来比较优势，利息的税前扣除能减少公司的纳税负担，并且实际负担的债务利息低于其向投资者支付的利息，有利于增加公司的价值，加之举债有利于降低公司的加权平均资本成本，增加公司价值，因而上市公司会考虑债务融资，债务税盾与有息债务融资呈正相关关系，债务税盾会正向影响债务的使用量。

非债务税盾可以抵销债务税盾的抵税作用，可以起到替代的作用。实证结果表明，有息负债比率与非负债税盾之间都呈现一种显著的负相关关系，最小二乘法检验结果也总体显著负相关。因此，非债务税盾与有息债务比率呈负相关关系，这与本书的预期相一致，即非债务税盾可以作为负债的替代减少公司税负，优化资本结构。

（3）企业性质（EN）与公司资本结构（LEV）在税改前呈显著的负相关关系，且这种负向的影响力随着公司资本结构水平的提高而增加，说明非国有企业与国有企业相比在资本结构决策中会更多地考虑税收因素，在利用税盾效用及税收筹划方面更为积极。但在税改后，二者的关系不再显著，说明企业所得税税率的降低在一定程度上影响了非国有企业在税收筹划方面的积极性。

（4）公司规模（SIZE）与公司资本结构（LEV）在税改前后都有正相关关系，这与本书的预计一致，但二者的显著程度和变化趋势是不同的。税改前，二者在资本结构的0.1至0.5水平上显著正相关，并且这种正向的影响程度随公司资本结构水平的提高而递增。但是当资本结构水平处于较高水平时（LEV>70%），二者的关系便不再显著，这主要是由于当公司的负债率较高时，公司的财务风险加大，金融机构考虑到风险控制等问题，可能就不会对其追加贷款。税改后，二者在资本结构的0.3至0.9水平上都显著正相关，当资本结构水平处于50%左右时，二者的影响程度最强，此后，随着资本结构水平的提高，二者的影响力减弱，这可能也是受公司财务风险增大的影响造成的。这些是普通最小二乘法回归所不能反映的结果。

（5）从表7-11和表7-18可以看出，盈利能力（ROA）与公司资本结构（LEV）无论是税改前还是税改后，二者都呈负相关，这与本书的预计一致，但显著性略有不同。税改前，当资本结构在0.3、0.5、0.7的分位水平上时，二者显著负相关。税改后，当资本结构在0.1和0.3的分位水平上时，二者显著负相关。这可能是由于税率降低后，适合公司的负债水平也随之降低的缘故造成的。

（6）税改前，成长性（GROWTH）与资本结构（LEV）在不同水平上均显著正相关，这与本书的预期一致。说明在税改前，无论资本结构处于何种水平，成长性对公司资本结构的影响都是稳定的。税改后，当资本结构在0.5和0.9分位水平时，二者显著正相关，说明2008年的企业所得税改革也对成长性与资本结构的关系产生了一定的影响。

（7）通过税改前后的实证结果比较，税改后的实际税率对资本结构的影响不是十分显著，且其影响效果远不如税改前。这说明随着实际税率的下降，实际税率将不再是公司债务融资决策的关键影响因素。与之相对应，税改后的债务税盾和非债务税盾虽然对有息负债融资比率仍然显著，但其影响程度（从估计系数和显著程度可以看出）也出现了降低的迹象，这符合前面章节关于税制改革对负债融资决策的相关分析结论。

从实证结果，我们可以看出企业的资产规模、企业性质、盈利能力和成长性对我国上市公司的债务融资选择具有重要影响，而基于边际税率所产生的负债税盾作用并未产生显著性影响。但国外的实证研究大多表明边际所得税率与公司负债比率之间呈正相关关系。如上文提到，依照融资优序理论，在外部融资与内部融资中，首选内部融资，因为内部融资的成本较低，在负债融资与股权融资之间倾向于负债融资，因为企业的利息具有抵税能力，产生税收效应，从而降低企业的融资成本。美国等西方主要发达国家在融资决策中一般遵循此规律。但是在中国，上市公司的融资额中超过 50% 的融资来自外部融资，外部融资额中超过 50% 的融资来自股权融资。这主要是因为：第一，我国企业的所得税税负水平相对较低，免征资本利得税、只对股利和利息征收个人所得税这一特点降低了税收对负债的利息扣除作用，从而从税制上鼓励和引导我国上市公司选择股权融资。同时，我国税收制度以流转税为主题，过分倚重增值税、消费税、营业税等间接税种，所得税等直接税种体系不完备，于是上市公司对基于企业所得税优化公司资本结构的税收筹划方式没有引起足够重视，也未采取积极措施。第二，我国证券市场不够发达也可能是重要原因之一，银行系统仍是我国公司获取债务融资的主要或甚至是唯一机构，但由于管制利率高于市场利率，很多上市公司尽可能地避免向银行举债，债券市场的滞后进一步促使上市公司通过股权融资来获得资金。

8 结论

因为所得税的存在，传统的 MM 理论认为企业负债融资具有"税盾"效应，所得税政策能够影响企业债务融资的决策。但是长期以来，我国的学术界和理论界都很少有足够证据来论证这一命题。2008 年的企业所得税变革——"两税合一"事件导致企业所得税税率发生变化，是一个难得的以研究公司税率发生外生性变化对公司资本结构影响的事件。本书通过理论和实证分析，得到以下研究成果：

8.1 研究结论

总体而言，本书研究结论支持修正的 MM 理论关于所得税对企业债务融资决策影响的相关论点。结合"两税合一"新企业所得税税制变革的时代背景，得到以下结论：

（1）所得税制变革体现了实际税率变动与法定执行税率的同向性

新税制改革带来上市公司整体实际税率大幅降低。总体的实际税率下降了 10.24 个百分点，尤其是法定执行税率降低的上市公司实际税率降低幅度最大，下降了 13.98 个百分点，法定执行税率不变的上市公司实际税率下也降了 5.34 个百分点，法定执行税率提高的上市公司实际税率提高了 4.69 个百分点。通过理论推导和实证分析，发现实际税率变动方向与法定执行税率变动方向保持基本一致，存在正相关的逻辑关系。

（2）新所得税税制变革反映了税负公平与产业引导的政策导向

新税制改革有效实现了上市公司间的税负公平和税收政策的产业导向。2008 年的税制变革使企业所得税的法定执行税率变化分为三类：降低、不变、提高。法定执行税率提高的上市公司在新企业所得税法实施前的实际税率显著低于法定执行税率降低和不变的上市公司的实际税率；法定执行税率不变的上市公司在税改前后的实际税率均显著低于法定执行税率降低的上市公司实际税率，但 2008 年与 2007 年相比，其税负差异显著缩小，实现了公司间的税负公平；新税法的实施使东部和中部地区上市公司实际所得税负担降低明显，西部和经济特区上市公司实际所得税负虽有所降低，但降低并不显著；另外，从行业上看，税改后，实际税率最高的几个行业主要是房地产、采掘、批发和零售、建筑等行业，基本与国家宏观调控政策相一致，实际税率最低的几个行业分别是电力、煤气及水的生产和供应业，信息技术业以及农、林、牧等行业，是所得税法对国民生活消费产业和高新技术业加以扶持，实行税收优惠引导的结果。由此可以看出，新企业所得税法将优惠政策由原来的地区优惠为主、产业优惠为辅，改变为以产业优惠为主、地区优惠为辅的税收政策，突出了税收政策的产业导向。

（3）边际税率对中国上市公司债务融资决策具有相对有用性

虽然理论上，边际税率是测度和表征所得税税负和节税动机最有效的替代变量，而且通过实证分析发现，边际税率优于法定执行税率，边际税率可以反映企业税负在不同行业、不同时间段、不同规模企业之间的差别，也反映了中国 2008 年所得税改革前后税负水平的变化。但是中国上市公司在实际负债融资决策时候很少或者基本上不考虑边际税率，这主要是由于我国实行特殊比例税制造成的，因此边际税率对债务融资额的解释力度很小。

（4）验证了税盾价值的存在性及其对应的税盾收益

基于税盾效用的总价值分析法和现金流分析法，验证了"税盾效应"使企业负债融资相比股权融资更为便宜。由于负债利息税前扣除的存在（即存在债务税盾价值），企业可以通过改变其负债融资比例，进而改变其净利润和公司价值（因为负债对公司价值是一个正向函数）。并且通过税盾收益的实证检验，证明了所得税税制变革（税率变化）带来的公司价值变动预期影响到了公司在资本市场上的表现。但从现金流的视角，企业发展乃至价值创造，不仅仅要考虑日常经营成本的现金流出，更要关注自身的财务状况和债务清偿能力，即保持资金链的有序流动和债务的适度规模，由此使得企业债务税盾对公司现金流价值的敏感系数降低，只有在现金流流转的合理范围内，企业才会考虑负债融资的税盾效应。

（5）税制变革对上市公司债务税盾价值和非债务税盾价值的传导效应

通过实证检验发现，无论从实际税率还是边际税率，税改后中国上市公司的所得税负都相应降低，但这也显著降低了中国上市公司债务税盾价值和非债务税盾价值。两税合一加快了上市公司负债融资结构的调整速度，所得税法规的变化能够显著影响上市公司的资本结构决策，与此同时也为修正"MM 理论"在中国的适用性提供了经验证据。

（6）基于多方因素考量上市公司债务融资的影响因素

通过分位数回归，发现企业性质与企业融资结构成负相关关系，国有企业税率的变化对债务的影响相对较小，非国有企业税率的变化对债务的影响相对较大。公司规模、成长性与企业负债融资结构在税改前后都显著正相关，但税改前后，在资本结构的不同分位水平上其显著性略有不同。无论在税改前还是税改后，实际税率（ETR）与公司资本结构（LEV）在不同分位水平下影响程度是不同的。当负债规模较小时，实际税率对资本结构的影响是正向相关的，但影响关系随着分位数水平的提高，显著性在下降。通过税改前后的实证结果比较，税改后的实际税率对资本结构的影响不是十分显著，且其影响效果远不如税改前。这说明随着实际税率的下降，实际税率将不再是公司债务融资决策的关键影响因素。与之相对应，税改后的债务税盾和非债务税盾虽然对有息负债融资比率仍然显著，但其影响程度（从估计系数和显著程度可以看出）也出现了降低的迹象，这符合前面章节关于税制改革对负债融资决策的相关分析结论。在中国，盈利水平高、流动性好、财务困境成本低的上市公司实行的是更为保守的财务政策。这可能是由于代理成本的因素造成的，中国上市公司高管持股比率极低，理论上代理成本很高，高管人员更愿意保持较低的债务水平。

8.2 创新点

（1）构建了税盾价值模型，利用该模型验证了税盾价值的存在，并计量了所得税税制变革前后的税盾收益

以往有关税盾价值的研究只是探讨了税盾价值与公司资本结构的关系，并没有计算出税盾的真实价值。本书以公式 $V_L = V_U + \gamma D$ 和 $V_U = E(FOI)/\rho$ 为出发点，通过逻辑推理，构建了"总价值分析法"和"现金流分析法"的税盾价值模型。通过实证横断面回归估计负债税盾的价值，在去除规模因素后，发现负债对公司价值是一个正向函数，验证了税盾价值的存在。同时利用样本公司的数据，计量了税改前后税盾价值的变化。通过税盾收益实证检验，发现公司税负变化会影响到公司的市场价值，实证证明了所得税税制变革（税率变

化）带来的公司价值变动预期影响到了公司在资本市场上的表现。但从现金流的视角，企业发展乃至价值创造，不仅仅要考虑日常经营成本的现金流出，更要关注自身的财务状况和债务清偿能力，即保持资金链的有序流动和债务的适度规模，由此使得企业债务税盾对公司现金流价值的敏感系数降低，只有在现金流流转的合理范围内，企业才会考虑负债融资的税盾效应。

（2）对边际税率的有效性进行了实证检验，得出边际税率对我国上市公司融资决策的相对有用性的结论

国外学者在研究所得税与公司融资决策关系时，大都采用的是边际税率；而我国学者在研究所得税对融资决策的影响时，基本上采用的是实际税率，其原因除边际税率的计算较复杂外，一个更主要的原因是边际税率对我国上市公司的融资决策解释程度很小。本书通过对边际税率与法定税率、边际税率与实际税率的相关度检验，以及它们各自与公司债务融资的回归分析后，得出结论：即在解释所得税与公司的负债融资决策关系时，边际税率优于法定税率而弱于实际税率，即边际税率对我国上市公司融资决策的相对有用性。

（3）实证检验了公司资本结构处于不同水平时，公司税负与资本结构的关系

已有的文献在研究所得税与资本结构的关系时，其研究结论比较单一，如正相关、负相关或不相关，造成了研究结论的不一致。本书利用分位数回归检验了公司资本结构处于不同水平时，公司税负与资本结构的关系，得出了较为合理的结论：实际税率（ETR）与公司资本结构（LEV）在不同分位水平下影响程度是不同的。当负债规模较小时，实际税率对资本结构的影响是正向相关的，但影响关系随着分位数水平的提高，显著性在下降。通过税改前后的实证结果比较，税改后的实际税率对资本结构的影响不是十分显著，且其影响效果远不如税改前。这为经典资本结构理论在中国的适用性提供了经验证据，为我国上市公司融资决策行为的改进提供了重要的理论支撑。

8.3 对策建议

（1）建议将企业所得税的比例税率改为累进税率

衡量企业所得税负担的代理变量通常有法定税率、实际税率和边际税率。从理论上讲，由于边际税率是一个动态化的代理变量，它可以将应税所得的波动、亏损的结转等因素考虑在内，能发现企业税负和债务之间的动态变化关系，同时它克服了法定税率的凝固性问题，也克服了实际税率不能考虑亏损结

转的问题。因此，边际税率在理论上是所得税税负的最优代理变量。但是，本书的研究发现，在我国，实际税率比边际税率能更好地衡量公司的所得税税负，也能更好地解释公司税负和负债融资之间的关系，这主要是由于我国的企业所得税采用的是比例税率造成的。因此，为了更好地发挥企业所得税在调节收入、维护社会公平上的作用，以及促使企业在进行融资决策时更加注重负债融资的所得税效应，进一步优化企业的资本结构，建议国家相关部门将我国现行的比例税率改为累进税率。

（2）企业进行融资决策时需要充分考虑所得税因素和国家政策导向对其的影响

本书研究结果表明，新税法的实施基本达到了税负公平、降低税负的目的。将优惠政策由原来的地区优惠为主，产业优惠为辅，改变为以产业优惠为主，地区优惠为辅的税收政策目的，淡化了区域差异，突出了税收政策的产业导向。

国家的立足点在于充分发挥市场对资源配置基础性作用的前提下，通过税收政策促进生产要素的自由流动，营造统一的税收制度环境推动各种市场主体公平竞争，其目的在于促进产业结构优化和升级，实现经济发展方式的有效转变。正是由于公司债务融资存在税收利益，企业应具有提高负债的税收动机。但是，我国公司最优资本结构不可能是百分之百债务融资，加之本次所得税税制变革降低了大部分公司的法定税率，进而使公司的债务税盾对公司价值的影响降低，使得大部分公司的负债比重降低，从而改变了其融资结构。因此，公司在进行融资决策时要综合考虑新企业所得税法环境下公司债务税盾的大小，以及债务融资对公司价值（市值和现金流均考虑）效应的权衡。

（3）企业进行融资决策时不仅要关注债务税盾，而且还要关注非债务税盾对公司价值的影响

通过税盾收益实证检验，发现公司税负变化会影响到公司的市场价值，实证证明了所得税税制改革（税率变化）带来的公司价值变动预期影响到了公司在资本市场上的表现。但从现金流的视角，企业发展乃至价值创造，不仅仅要考虑日常经营成本的现金流出，更要关注自身的财务状况和债务清偿能力，即保持资金链的有序流动和债务的适度规模，由此使得企业债务税盾对公司价值的敏感系数降低，只有在现金流流转的合理范围内，企业才会考虑负债融资的税盾效应。

非债务税盾（如固定资产折旧、无形资产摊销、长期待摊费用的摊销等）的存在，使得公司也能达到与债务税盾类似的所得税减免的目的。与债务税盾不同，公司计提折旧的固定资产，计提摊销的无形资产一般都是投入到生产经

营过程之中，不会产生闲置的成本。与此同时，由于折旧和摊销费的核算，既冲减税前利润但又不导致现金流出，因此，非债务税盾的使用可实质上补充企业的现金流。具体来说，折旧和无形资产摊销属于非付现成本，在计算企业的现金流量时，可增加企业的现金流量，改善企业的经营状况和现金净流量，从而带来公司价值的提升。

（4）国有企业应增强税收筹划意识，进而优化其融资结构

通过本书的研究可知，非国有企业与国有企业相比更为重视税收筹划，因为非国有企业对"两税合一"的税法改革带来的"法定执行税率下降"的影响更为敏感，即更有可能对其负债融资结构进行相应地调整。对于税率降低企业，改革后负债带来的"税盾价值"降低，非国有企业由于更重视负债的税后成本，所以将降低其负债水平，并且降低幅度会高于国有企业；对于税率提高企业，改革后负债带来的"税盾价值"提高，非国有企业将提高其负债水平，并且其提高幅度会高于国有企业。正是由于国有企业"债务税盾"的敏感性低于非国有企业，国有企业应增强税收筹划意识，适度地进行负债融资，以充分利用负债的税收效应，进而优化企业的融资结构。

8.4　不足和未来发展

本书在以下方面存在局限，还需要通过进一步的研究来完善：

第一，由于企业的纳税申报数据属于机密数据，本书中所有上市公司纳税申报的数据都是从上市公司公开发布的财务报表及其附注中收集而来。那么对于非上市公司的所得税状况，应该采用怎样的方法进行计量，才能使得我们得到的数据更加接近企业的真实税收状况，这还需要我们今后做进一步的研究。另外，我们在第4章和第5章分别对中国上市公司的实际税率和边际税率进行了估计，并对边际税率估计的有效性进行了检验。但事实上我们的检验存在一个未经验证的假设前提，即假设企业的应税所得时间序列服从随机游走规律。由于我国上市公司的存续年限普遍较短，本书认为在未来的研究中对这一假设前提进行验证是十分必要的。

第二，本书在实证研究部分中只考虑企业所得税对公司负债融资决策的影响。但事实上正如我们在前面理论分析部分所指出的，由股东和债权人所负担的个人所得税也会对企业税盾产生影响。有关这方面的实证研究也存在进一步发展和探讨的空间。

参考文献

中文文献：

[1] 谷棋，刘淑莲. 财务管理 [M]. 大连：东北财经大学出版社，2007.

[2] 亨瑞·J. 艾伦，威廉姆·G. 盖尔. 美国税制改革的经济影响 [M]. 北京：中国人民大学出版社，2001.

[3] 蒋屏. 中国企业债券融资 [M]. 北京：中国经济出版社，2005.

[4] 高凤勤. 企业税收效应研究 [D]. 成都：西南财经大学，2007.

[5] 吴世农. 中国证券市场效率的分析 [J]. 经济研究，1996 (4).

[6] 刘力. 国有企业高资产负债率成因分析 [J]. 经济科学，1996 (5).

[7] 李心愉，冯旭南. 公司融资 [M]. 北京：中国发展出版社，2007.

[8] 卢俊. 资本结论理论研究译文集 [M]. 上海：三联书店上海人民出版社，2003.

[9] 王志强. 税收与公司财务政策选择 [M]. 北京：中国商务出版社，2004

[10] 张春. 公司金融学 [M]. 北京：中国人民大学出版社，2008.

[11] 叶康涛. 盈余管理与所得税支付：基于会计利润与所得税之间差异的研究 [J]. 中国会计评论，2006 (12).

[12] 王丽娅. 企业融资理论与实务 [M]. 北京：中国经济出版社，2005.

[13] 杨斌. 比较税收制度——兼论我国现行税收制度的完善 [M]. 福州：福建人民出版社，1993.

[14] 慕继丰，冯宗宪. 企业的资本结构与融资决策 [J]. 河南大学学报：社会科学版，2000 (5).

[15] 刘冬，李雪莲. 中国上市公司资本结构合理性探讨 [J]. 南开经济研究，2002 (4).

[16] 晏艳阳，李静. 我国上市公司资本结构特点及其成因分析 [J]. 湖

南社会科学, 2002 (5).

[17] 沈艺峰. 资本结构理论史 [M]. 北京: 经济科学出版社, 1999.

[18] 吴敏, 仲夏. 西方融资优序理论对我国上市公司融资的启示 [J]. 经济与管理, 2003 (4).

[19] 陆正飞. 企业适度负债的理论分析与实证研究 [J]. 经济研究, 1996 (2).

[20] 姜曦, 李青原. 上市公司中资本结构的若干问题探讨 [J]. 科技进步与对策, 2005 (2).

[21] 孙永祥. 所有权、融资结构与公司治理机制 [J]. 经济研究, 2001 (1).

[22] 许劲波. 我国上市公司资本结构现状与优化 [J]. 市场研究, 2004 (7).

[23] 唐建新, 李青原. 资本结构、金融中介和公司治理 [J]. 南开管理评论, 2002 (2).

[24] 彭莉. 从改善融资结构看上市公司治理结构的优化 [J]. 商业研究, 2004 (1).

[25] 席卫群. 所得税对资本形成的影响分析 [M]. 北京: 经济管理出版社, 2007.

[26] 王詹宁. 中国上市公司资本结构与股权融资偏好研究 [D]. 哈尔滨工业大学硕士论文, 2004.

[27] 郑幼锋. 美国联邦所得税变迁研究 [M]. 北京: 中国财政经济出版社, 2006.

[28] 汪丽华. 企业负债融资的所得税效应研究 [D]. 华中科技大学硕士论文, 2006.

[29] 陈松青. 我国所得税的效应分析与制度设计 [D]. 厦门大学博士论文, 2003.

[30] 王昉. 中国上市公司所得税税收负担问题研究 [J]. 经济研究, 1999 (5).

[31] 王延明. 上市公司所得税负担与规模、地区、及行业关系 [J]. 证券市场导报, 2003 (3).

[32] 吴联生, 李辰. "先征后返"、公司税负与税收政策的有效性 [J]. 中国社会科学, 2007 (4).

[33] 曹书军, 张婉君. 企业实际所得税率影响因素及其稳定性研究 [J].

财经论丛，2008（6）.

［34］彭培鑫，朱学义.两税合并对我国上市公司所得税负担的影响［J］.西南科技大学学报：哲学社会科学版，2010（5）.

［35］陈晓，等.我国资本市场中的税务竞争［Z］.工作论文，2002.

［36］王延明.中国公司所得税负担研究［M］.上海：上海财经大学出版社，2004.

［37］俞微芳.企业所得税对上市公司资本结构的影响研究［D］.浙江大学硕士论文，2003.

［38］王志强.中国上市公司债务政策的实证研究［J］.厦门大学学报，2006（4）.

［39］王志强.税收非中性与公司财务政策选择［J］.商业时代：理论版，2003，23（11）：24-26.

［40］张东敏，金成晓.公共资本、税收与长期经济增长［J］.经济研究，2014（12）.

［41］敬志勇，欧阳令南.不确定条件下公司负债的利息抵税效应分析［J］.中国管理科学，2003，11（5）：8-11.

［42］田效先.企业所得税的经济增长效应研究［D］.东北财经大学博士论文，2013.

［43］万华林，朱凯，陈信元.税制改革与公司投资价值相关性［J］.经济研究，2012（3）.

［44］张晓农，才劲涛.所得税对中国上市公司融资结构影响探析［J］.现代财经，2006（11）.

［45］毛程连，吉黎.税率对外资企业逃避税行为影响的研究［J］.世界经济，2014（6）.

［46］彭培鑫.公司所得税边际税率的模拟估值研究［J］.江苏建筑职业技术学院学报，2012（4）.

［47］胡援成.中国企业资本结构与企业价值研究［J］.金融研究，2002（3）.

［48］杨子帆.企业资本结构与融资方式偏好［J］.财经科学，2001（7）.

［49］李小平，岳亮.基于不同影响因素的企业资本结构变动机理研究［J］.证券市场导报，2009（10）.

［50］金爱.国家税收激励政策的启示［J］.商业文化，2014（6）.

［51］冯根福，吴林江，刘世彦.我国上市公司公司资本结构形成的影响

因素分析 [J]. 经济学家, 2000 (5).

[52] 肖作平, 吴世农. 我国上市公司资本结构影响因素实证研究 [J]. 证券市场导报, 2002 (8).

[53] 肖作平. 资本结构影响因素和双向效应动态模型 [J]. 会计研究, 2004 (2).

[54] 曹崇炎, 丁晨. 中国上市公司资本结构影响因素之实证研究 [J]. 运筹与管理, 2004 (6).

[55] 赵志坚. 我国上市公司资本结构影响因素实证分析 [J]. 南华大学学报：社科版, 2005 (1).

[56] 柳松. 资本结构的公司特征影响因素及其评价模型 [J]. 华南农业大学学报：社科版, 2005 (2).

[57] 胡国柳, 黄景贵. 资本结构选择的影响因素 [J]. 经济评论, 2006 (1).

[58] 吴联生, 岳衡. 税率调整和资本结构变动—基于我国取消"先征后返"所得税优惠政策的研究 [J]. 管理世界, 2006 (11).

[59] 王素荣, 张新民. 资本结构和所得税税负关系实证研究 [J]. 中国工业经济, 2006 (12).

[60] 田高良, 赵莉君. 所得税对我国上市公司资本结构的影响 [J]. 西安交通大学学报：社会科学版, 2008, 28 (3).

[61] 黄明峰, 吴斌. 税收政策的变化影响公司资本结构吗? [J]. 南方经济, 2010 (8).

[62] 王跃堂, 王亮亮, 等. 产权性质、债务税盾和资本结构 [J]. 经济研究, 2010 (9).

[63] 彭培鑫, 朱学义. 两税合并对我国上市公司资本结构的影响 [J]. 北京工商大学学报：社会科学版, 2011 (3).

[64] 谢贞发. 税收竞争、中央税收征管集权及社会福利——1994 年后企业所得税制改革的理论解析 [J]. 财政研究, 2014 (9).

[65] 刘琦. 利率管制对我国上市公司资本结构的影响 [J]. 中国市场, 2015 (3).

[66] 安体富. 中国税制改革顶层设计问题研究 [J]. 财经理论研究, 2014 (12).

[67] 胡戈游, 黄笑艳. 我国上市公司再融资偏好的实证研究：从现金流量和财务健康角度的解释 [J]. 经济问题探索, 2005 (2).

[68] 宋衍蕾. 权益再融资资金使用方式与再融资以后的经营业绩 [J]. 会计研究, 2008 (5).

[69] 何青. 企业融资政策与资本结构形成机理研究 [M]. 北京: 经济科学出版社, 2007.

[70] 刘赛辉. 中国上市公司扩张性融资顺序实证研究 [D]. 河北: 华北电力大学硕士论文, 2006.

[71] 谷秀娟, 沈其云. 中国融资结构的演变分析 [M]. 北京: 经济管理出版社, 2006.

[72] 严小明. 公司资本结构研究——中国上市公司实证分析 [M]. 上海: 上海人民出版社, 2007.

[73] 陈晓, 单鑫. 债务融资是否会增加上市企业的融资成本 [J]. 经济研究, 1999 (9).

[74] 刘冬, 李雪莲. 中国上市公司资本结构合理性探讨 [J]. 南开经济研究, 2002 (4).

[75] 张昌彩. 中国融资方式研究 [M]. 北京: 中国财政经济出版社, 1999.

[76] 张天胜. 税收对资本成本影响的差异性探讨 [J]. 税务研究, 2005 (1): 71-75.

[77] 应惟伟, 里维宁. 中国企业融资研究 [M]. 北京: 中国金融出版社, 2000.

[78] 宋献中. 资本结构与税收的相关性分析 [J]. 暨南学报: 哲学社会科学版, 2001 (3).

[79] 向冠春, 齐寅峰. 收益不确定条件下债务税蔽模型 [J]. 财经问题研究, 2005 (9).

[80] 闵琪. 基于 MM 模型的税收效应分析 [J]. 郑州航空工业管理学院学报, 2007, 25 (1).

[81] 贺伊琦. 非债务税盾与公司最优资本结构研究 [J]. 华东经济管理, 2010, 24 (9).

[82] 郭庆旺, 等. 当代西方税收学 [M]. 大连: 东北财经大学出版社, 1997: 209-217.

[83] 王传纶. 西方财政金融思想发展 [M]. 成都: 西南财经大学出版社, 1991.

[84] 严明清. 西方国家税收公平原则的历史演进 [J]. 外国财税 2003

(5).

[85] 刘宇飞. 西方税收公平思想的两大传统及其演进 [J]. 经济科学，1995 (4).

[86] 陈松青. 西方税收公平原则的演进与借鉴 [J]. 当代财经，2001 (7).

[87] 朱大旗. 论税法的基本原则 [J]. 湖南财经高等专科学校学报，1999 (4).

[88] 刘剑文，雄伟. 税法基础理论 [M]. 北京：北京大学出版社，2006.

[89] 杨斌. 治税的效率和公平——宏观税收管理理论与方法研究 [M]. 北京：经济科学出版社，1999.

[90] 闫威. 公平、效率与最优税收理论 [J]. 财经科学，2002 (12).

[91] 余森. 论量能课税原则 [J]. 商场现代化，2005 (10).

[92] 廖红艳，张艳朝. 我国量能课税原则研究述评 [J]. 湖州师范学院学报，2011 (4).

[93] 尹音频. 资本市场税制优化研究 [M]. 北京：中国财政经济出版社，2006：46-47.

[94] 林晓. 税收公平的四种体现与重塑我国税收公平机制 [J]. 税务研究，2002 (4).

[95] 陈清秀. 税法总论 [M]. 台湾：元照出版公司，2006.

[96] 蔡昌. 契约观视角的税收筹划研究 [D]. 天津：天津财经大学博士论文，2007.

[97] 贺伊琦. 所得税对中国上市公司资本结构的影响研究 [D]. 大连：东北财经大学博士论文，2009.

[98] 周辉. 所得税对上市公司的影响分析 [D]. 南京：南京财经大学硕士论文，2007.

[99] 彭培鑫. 公司所得税债务税盾价值研究 [J]. 西南科技大学学报，2013 (4).

[100] 刘素红. 基于权衡理论的最优资本结构研究 [J]. 湖北函授大学学报，2015 (3).

[101] 文晓畅. 医药上市公司资本结构与企业价值相关性研究 [J]. 经营管理者，2015 (3).

[102] 赵炜. 上市公司再融资方式的比较与选择 [J]. 现代财经，2002 (6).

[103] 奚纯. 上市公司资本结构与融资决策研究 [D]. 安徽农业大学硕士论文, 2007.

[104] 林斌. 试论合理税负 [J]. 税务研究, 2003 (11).

[105] 孔小文, 于笑坤. 上市公司股权融资倾向分析 [J]. 暨南学报, 2002 (6).

[106] 李善民, 刘智. 上市公司资本结构影响因素述评 [J]. 会计研究, 2003 (8).

[107] 赵惠敏. 所得税课税理论创新与中国所得课税优化设计 [M]. 北京: 中国财政经济出版社, 2003.

[108] 朱叶. 中国上市公司资本结构研究 [M]. 上海: 复旦大学出版社, 2003.

[109] 刘华, 王韬. 不同所有制结构税负差异分析 [J]. 税务研究, 2001 (4).

[110] 董大伟. 我国商业银行微观影响因素的研究 [J]. 合肥学院学报: 社会科学版, 2015 (3).

[111] 王遥. 上市公司融资决策的行为金融分析 [M]. 北京: 中国人民大学出版社, 2007.

[112] 李国重. 资本结构定素: 多层次动态研究 [M]. 北京: 中国人民大学出版社, 2007.

[113] 李春艳, 刘海波. 我国上市公司融资行为的变化趋势与发展对策 [J]. 当代经济研究, 2003 (9).

[114] 侯作前. 从税收法定到税收公平: 税法原则的演变 [J]. 社会科学, 2008 (9).

[115] 周全林. 论"三层次"税收公平观与中国税收公平机制重塑 [J]. 当代财经, 2008 (12).

[116] 秦蕾, 杨继瑞. 西方税收公平思想对我国税制改革的启示 [J]. 税务研究, 2005 (12).

[117] 洪锡熙, 沈艺峰. 我国上市公司资本结构影响因素的实证分析 [J]. 厦门大学学报: 哲学社会科学版, 2000 (3): 114-120.

[118] 陆正飞, 辛宇. 上市公司资本结构主要影响因素之实证研究 [J]. 会计研究, 1998 (8): 34-37.

[119] 何浚. 上市公司治理结构的实证分析 [J]. 经济研究, 1998 (5).

[120] 李齐云, 李文君. 基于税收视角的上市公司资本结构选择分析

[J]. 税务与经济，2006（2）：1-7.

[121] 王素荣. 资本结构与企业税负相关性分析 [J]. 税务研究，2005（10）.

[122] 丁明明，于成永. 我国商业银行资本结构的影响因素——基于 OLS 回归和分位数回归的研究 [J]. 南京财经大学学报，2015（1）.

[123] 彭程，刘星. 负债融资与企业投资决策的互动关系：税收因素的实证分析 [J]. 经济科学，2007（4）.

[124] 吴联生. 国有股权、税收优惠与公司税负 [J]. 经济研究，2009（10）.

[125] 郑红霞，韩梅芳. 基于不同股权结构的上市公司税收筹划行为研究——来自国有上市公司和民营上市公司的经验证据 [J]. 中国软科学，2008（9）.

[126] 陈斐. 财务管理目标与资本结构优化研究 [J]. 时代金融，2015（3）.

[127] 吴东辉，张坤. 管理者过度自信对公司资本结构的影响研究 [J]. 北方金融，2015（1）.

[128] 黄晓蓓. 上司公司现金流量与公司融资决策关联性研究 [D]. 华北电力大学硕士论文，2008.

[129] 梁伟华. 企业所得税对资本结构的影响 [D]. 西南财经大学硕士论文，2011.

[130] 王晓. 制造企业所得税负担影响研究 [D]. 哈尔滨工业大学大学硕士论文，2013.

[131] 刘红娟. 企业所得税负担及其影响因素研究——基于税改前后企业税负比较研究 [D]. 南京理工大学大学硕士论文，2012.

[132] 丛丹. 我国企业融资决策的税收效应研究 [D]. 西南财经大学硕士论文，2012.

[133] 李园园. 企业所得税与红利税对融资结构影响的实证研究 [D]. 河北经贸大学硕士论文，2013.

[134] 陈恩宪. 我国上市公司融资行为中的税盾效应研究 [D]. 浙江大学硕士论文，2010.

[135] 张波涛. 基于所得税差异的上市公司债务融资决策模型 [D]. 大连理工大学博士论文，2008.

[136] 严鸿雁. 高新技术上市公司资本结构问题研究——基于动态分析框

架［D］. 天津财经大学博士论文, 2013.

［137］顾乃康, 杨涛. 股权结构对资本结构的影响研究［J］. 中山大学学报: 社会科学版, 2004 (1).

［138］杜鑫星. 所得税改革对企业债务融资水平的影响研究［D］. 浙江工商大学硕士论文, 2010.

［139］汤颖梅, 黄明峰, 李福来. 金融市场发展、两税合并与企业资本结构——基于双重差分模型的实证分析［J］. 经济经纬, 2012 (3).

英文文献:

［1］Modigliani, Miller. The Cost of Capital, Corporation Finance and the Theory of Investment［J］. American Economic Review, 1958 (48): 261-297

［2］Modigliani, F., M. H. Miller. Corporate Income Taxes and the Cost of Capital: A Correction［J］. American Economic Review, June 1963: 433-443

［3］M. H. Miller. Debt, Taxes［J］. Journal of Finance, May 1977: 337-347

［4］Kraus, A. and R. H. Litzeberger. A state-preference Model of Optimal Financial leverage［J］. Journal of Finance, 1973 (28): 911-922.

［5］Kim, E. H. A Mean-Variance Theory of Optimal Capital Structure and Corporate Debt Capacity［J］. Journal of Finance, 1978 (33): 45-63.

［6］Jenson, M. C., Meckling, W. H.. Theory of firm managerial behavior, agency costs and ownership structure［J］. Journal of Financial Economics, October 1976 (3): 305-360

［7］Altman, E. I. A further empirical investigation of the bankruptcy cost question［J］. Journal of Finance, 1984, (39): 1067-1089.

［8］Myers, S. C., Majuf, N. S. Corporate financing and investment decisions when firms have information that investors do not have［J］. Journal of finance economics, 1984: 187-221.

［9］Graham, J. R.. How big are the tax benefits of debt［J］. Journal of Finance October, 2000, 55 (5): 1901-1941

［10］Siegfried. J., Effective average U. S. corporation income tax rates［J］. National Tax Journal, 1974, 27: 245-259.

［11］Stickney, C., V. McGee, Effective corporate tax rates the effect of size, capital intensity, leverage, and other factors［J］. Journal of Accounting and Public

Policy, 1982, 1: 125-152.

[12] Zimmerman, J., Taxes and firm size [J]. Journal of Accounting and Economics, 1983, 5: 119-149.

[13] Citizens for tax justice, Corporate tax payers & corporate freeloaders, 1985, working paper. Washington , D. C: Citizens for tax justice.

[14] Porcano, T., Corporate tax rates: progressive, proportional, or regressive [J] . The Journal of the American Taxation Association, 1986, 7: 17-31.

[15] Shevlin, T., S. Porter, The corporate tax comeback in 1987'some further evidence [J]. The Journal of the American Taxation Association, 1992, 14: 58-79.

[16] Gupta, S., Newberry, Determinants of the variability in corporate effective tax rates: evidence from longitudinal data [J]. Journal of Accounting and Public Policy, 1997, 16: 1-34.

[17] Mark Harris, Simon Feeny, The determinants of corporate effective tax rates: evidence from Australia, working paper. 1999.

[18] Mills, K. Newberry , W. Trautman, Trends in Book tax Income and Balance Sheet Difference , Working Paper. 2002.

[19] Harris, M., Raviv, A., The theory of capital structure [J]. Journal of Finance, 1991 (46): 297-335.

[20] Dommon, R., L. Senbet, The Effect of Taxes and Depreciation on Corporate Investment and Financial Leverage [J]. Journal of Finance, 1988, 43, 357-373.

[21] Fullerton, D, Which Effective Tax Rate? [J]. National Tax Journal, 1984, 37: 23-42.

[22] Wilkie, P, Corporate Average Effective Tax Rates and Inferences About Relative Tax Preferences [J] . The Journal of the American Taxation Association, 1988, 10: 75-88.

[23] Omer T C, Molloy K H and Ziebart D A. Measurement of effective corporate tax rates using financial statement information [J]. Journal of the American Taxation Association, 1991, 13 (Spring): 57-72.

[24] Shevlin, T. J. Estimating corporate marginal tax rates with asymmetric tax treatment of gains and losses [J] . The Journal of the American Taxation Association 1990, (Spring): 51-67.

[25] Graham, J. R., Debt and the Marginal Tax Rate [J]. Journal of Financial Economics, 1996a, Vol 41: 41-74.

[26] Graham, J. R., M. Lemmon, and J. Schallneim, Debt, Lease, Taxes and the Endogeneity of Corporate Tax Status [J]. Journal of Finance, 1998, Vol 53: 131 - 162

[27] Graham, J. R., Mills Lillian F., Using Tax Return Data to Simulate Corporate Marginal Tax Rates, Working Paper, Duke University, 2007.

[28] Graham, J. R., Proxies for the Marginal Tax Rate [J]. Journal of Financial Economics, 1996b, Vol 42: 187 -221.

[29] Plesko, G, A, An Evaluation of Alternative Measures of Corporate Tax Rates [J]. Journal of Accounting and Economics, 2003, 35: 201-226.

[30] Zou, Hong, Jason ZeZhong Xiao. The Financing Behavior of listed Chinese Firms [J]. British Accounting Review, 2006 (38): 239-258.

[31] Wu, liansheng, Heng Yue. Corporate Tax, Capital Structure, and the Accessibility of Bank loans: Evidence from China , Chinese Academy of Management Annual Meeting, 2006.

[32] Graham, J. R., C. W. Smith, Jr. Tax Incentives to Hedge [J]. Journal of Finance, 1999, 54: 2241-2262.

[33] Green, R. C., B. Hollifield. The Personal-Tax Advantages of Equity [J]. Journal of Financial Economics, 2003 (67): 175-216.

[34] Fama, E. F., K. R. French. Taxes, Financing Decisions, and Firm Value [J]. Journal of Finance, 1998: 53.

[35] Myers, S., Determinants of Corporate Borrowing [J]. Journal of Financial Economics, 1977, 3: 799-819.

[36] Titman S, Wessels R. The determinants of capital structure choice [J]. Journal of Finance, 1988 (43): 1-19.

[37] Jensen M C. Agency costs of free cash flow, corporate finance, and takeovers [J]. American Economic Review, 1986 (76): 323-329.

[38] Friend I, Lang L H P. An empirical test of the impact of managerial self-interest on corporate capital structure [J]. Journal of Finance, 1988, 43: 271-281.

[39] Bradley, M., Jarrell, G., Kim, E. H.. On the Existence of and Optimal Capital Structure: Theory and Evidence [J]. Journal of Finance, 1984 (39): 857-878.

[40] DeAngelo, H., Masulis, R. W. Optimal capital structure under corporate and personal taxation [J]. Journal of Financial Economics, March 1980,

8 (1): 3-29.

[41] Alfred H. R. Davis. Effective Tax Rates as Determinants of Canadian Capital Structure. [J]. Financial Management, 1987, 16 (3): 22-28.

[42] Fischer, Edwin, Robert Heinkel, and Josef Zechner. Dynamic Capital Structure Choice: Theory and Tests [J]. Journal of Finance, 1989 (44): 19-40.

[43] Mackie-Mason, J. K.. Do Taxes affect corporate financing decisions? [J]. Journal of Financial Economics, June/September 1990 (6): 235-255.

[44] Dhaliwal, D., R. Trezevant, S. Wang, Taxes, Investment-Related Tax Shields and Capital Structure [J]. Journal of the American Taxation Association, 1992 (14): 1-21.

[45] Givoly, Ofer, Sarig. Taxes and capital structure: Evidence from firms' response to the Tax Reform Act of 1986 [J]. Review of Financial Studies, 1992 (5): 331-355.

[46] Graham, J. R., M. Lang, D. Shackelford, Employee Stock Options, Corporate Taxes and Debt Policy, forthcoming in Journal of Finance. Working Paper, 2003.

[47] Grant, Richardson, Roman, Lanis, Determinants of the Variability in Corporate Effective Tax Rates and Tax Reform: Evidence from Australia [J]. Journal of Accounting and Public2007, 26, PP689-704.

[48] Graham, J. R., Mills Lillian F., Using Tax Return Data to Simulate Corporate Marginal Tax Rates, Working Paper, Duke University. 2007.

[49] Fama, Eugene F, Kenneth R. French. Taxes, Financing Decisions, and Firm value [J]. Journal of Finance, 1998 (53): 819-843.

[50] Kemsley, D., D. Nissim, Valuation of Debt-Tax Shield [J]. Journal of Finance, 2002, (57): 2045-2073.

[51] Cordess, J., M. Sheffrin. Estimating the tax advantage of corporate debt [J]. Journal of Finance, 1983. (March): 95-105.

[52] Auerbach, A., J. M. Poterba, Tax-Loss Carry forwards and Corporate Tax [M]. University of Chicago Press, Chicago, 1987: 305-338.

[53] Cooper, I., J. R. Franks. The interaction of financing and investment decisions when the firms has unused tax credits [J]. Journal of Finance, 1983 (May): 571-606.

[54] Dhaliwal, D., S. Measurement of financial leverage in the presence of un-

founded pension obligations1983 [J]. The Accounting Review, 1986, (October): 65-83.

[55] Thomas, J. K. Corporate taxes and defined benefit pension plans [J]. Journal of Accounting and Economics, 1988. (July): 199-237.

[56] Scholes, M., M. Wolfson,. Tax planning, regulatory capital planning and financial reporting strategy for financial institutions. Stanford University Working paper, 1988 (July).

[57] Scholes, M., M. Wolfson, Taxes and Business Strategy: A Planning Approach, Prentice-Hall [M]. Englewood Cliffs, 1992: 101-126.

[58] Huang, Guihai, Frank M. Song, The determinants of Capital Structure: Evidence from China [J]. China Economic Review , 2006 (17): 14-36.

[59] DeAngelo, H, R. W. Masulis, Optimal Capital Structure under Corporate and Personal Taxation [J]. Journal of Financial Economics, 1980 (8): 3 -29.

[60] DeAngelo, H, Masulis, R. W. Leverage and dividend irrelevance under corporate and personal taxation [J]. Journal of Finance, 1980, 35 (2), May: 453 -467.

[61] Schneller, Meir L,. Taxes and the optimal capital structure of the firm [J]. Journal of Finance, 1980, 35 (1) January: 19-27.

[62] Taggart, Jr, R. A., Taxes and corporate capital structure in an incomplete market [J]. Journal of Finance 1980, 34 (3), June: 45-59.

[63] Auerbach, A. J., King, M. A. Taxation, portfolio choice and debt-to-equity ratios: a general equilibrium model [J]. Quarterly Journal of Economics 1998 (4) November: 587-609.

[64] Stiglitz, Joseph E. A re-examination of the Modigliani-Miller theorem [J]. American Economic Review, December 1969: 84-93.

[65] Stiglitz, Joseph. E. On the irrelevance of corporate financial policy [J]. American Economic Review, December 1974: 51-66.

[66] Baxter, N. D. Leverage, risk of ruin and the cost of capital [J]. Journal of Finance, September 1967, 22 (4): 395-404.

[67] Baron, D. P. Default risk, homemade leverage, and the Modigliani-Miller theorem [J]. American Economic Review, March 1974, 64 (1): 76-82

[68] Farrar. Donald E, Selwn. Lee L., Taxes, corporate financial police and

return to investment [J]. National Tax Journal 1967, 20 (4). December: 44-54.

[69] Brennan, M. J., Taxes, market valuation and corporate financial policy [J]. National Tax Journal , 197023 (4). December: 17-27.

[70] Feldstein, M., Frish , D., Corporate tax integration: the estimated effects on capital accumulation of two integration proposals [J]. National Tax Journal , 1977, 30: 37-52.

[71] Hickman, F. W., Tax equity and the need for capital [J]. National Tar Journal, 1975, 28, September: 891.

[72] Lizenberger, R. H., Van Horne, J. C., Elimination of double taxation of dividends and corporate financial policy [J]. Journal of Finance , 1978, 33 (3), June: 37-50.

[73] Guenther, David, A. Earnings Management in Response to Corporate Tax Rate Changes: Evidence from the 1986 Tax Reform Act [J]. The Accounting Review, 1994.

后 记

　　《所得税税制变革、税盾价值与上市公司融资决策研究》这本专著是在我的博士论文的基础上完成的。

　　攻读博士学位是我人生的一个转折点。这里我首先要感谢我的导师朱学义教授，是他给了我这样一个改变命运的机会。师从数载，收获颇丰，感触亦深。朱老师优秀的为人，高尚的品质，渊博的知识，开阔的视野，敏锐的思维，严谨的治学态度和开拓创新、无私奉献的精神，让我深深折服，也是我学习的榜样和努力的方向。几年来，朱老师不仅传授给我知识，教我如何治学，更是教会了我如何做人，让我终生受益。同时，我还要感谢中国矿业大学管理学院给予我指导的所有老师，正是他们精彩的学术报告和专题讲座开拓了我的视野，使我了解到本学科的最新研究动态，系统领略了前沿研究成果，基本掌握了继续研究的方法论，为未来的研究奠定了较好的基础。另外，我还要感谢江苏建筑职业技术学院经济管理与人文学院的各位领导和同事，正是他们的鼓励和支持使我得以顺利完成学业。

　　西南财经大学出版社的刘佳庆老师对这本书的出版给予了很大的帮助和支持，正是在她的精心策划和辛勤编辑下这本书才能早日呈献给读者。在此，向她表示深深的谢意！

彭培鑫

2015 年 5 月